FINANCIAL DEVELOPMENT REPORT OF
Hangzhou 2021

2021年度

杭州金融发展报告

杭州市地方金融监督管理局◎编

ZHEJIANG UNIVERSITY PRESS
浙江大学出版社
·杭州·

图书在版编目(CIP)数据

2021 年度杭州金融发展报告 / 杭州市地方金融监督
管理局编. —杭州:浙江大学出版社,2022.10
ISBN 978-7-308-23125-1

Ⅰ.①2… Ⅱ.①杭… Ⅲ.①地方金融事业—经济发
展—研究报告—杭州—2021 Ⅳ.①F832.755.1

中国版本图书馆 CIP 数据核字(2022)第 185769 号

2021 年度杭州金融发展报告
2021 NIANDU HANGZHOU JINRONG FAZHAN BAOGAO
杭州市地方金融监督管理局　编

策划编辑	吴伟伟	
责任编辑	陈逸行	
责任校对	马一萍	
封面设计	雷建军	
出版发行	浙江大学出版社	
	(杭州市天目山路 148 号　邮政编码 310007)	
	(网址:http://www.zjupress.com)	
排　　版	浙江时代出版服务有限公司	
印　　刷	广东虎彩云印刷有限公司绍兴分公司	
开　　本	710mm×1000mm　1/16	
印　　张	16.75	
字　　数	258 千	
版 印 次	2022 年 10 月第 1 版　2022 年 10 月第 1 次印刷	
书　　号	ISBN 978-7-308-23125-1	
定　　价	68.00 元	

前　言

经过在杭金融监管部门、杭州市各相关单位、在杭主要金融组织、浙江大学课题组的共同努力,《2021年度杭州金融发展报告》与大家如期见面了。

2021年是党和国家历史上具有里程碑意义的一年。以习近平同志为核心的党中央团结带领全党全国各族人民,隆重庆祝中国共产党成立100周年,胜利召开党的十九届六中全会、制定党的第三个历史决议,如期全面建成小康社会、实现第一个百年奋斗目标,开启全面建设社会主义现代化国家、向第二个百年奋斗目标进军新征程。一年来,面对复杂严峻的国内外形势和诸多风险挑战,全国上下共同努力,统筹疫情防控和经济社会发展,取得了新的重大成就。经济总量再上新台阶,突破110万亿元大关,脱贫攻坚战取得全面胜利,"十四五"实现良好开局。

这一年,杭州经济也呈现了持续恢复、稳中有进的健康发展态势。全年实现全市生产总值18109亿元,较上年增长8.5%,高于全国增速0.4个百分点。同时,三大产业结构优化升级,民生福祉不断改善,杭州连续15年蝉联"中国最具幸福感城市",城市影响力进一步提升。杭州金融系统深入贯彻习近平总书记对杭州工作重要指示批示精神,认真落实党中央国务院、省委省政府和市委市政府的决策部署,忠实践行"八八战略"、奋力打造"重要窗口",支持杭州高质量发展建设共同富裕示范区城市范例,围绕金融业发展"十四五"

规划的目标任务,各项工作取得新成果。全市金融业运行总体保持平稳,社会融资规模持续扩大,金融服务质效不断优化,金融基础设施不断完善,金融改革创新持续推进,地方金融风险平稳下降。全市实现金融业增加值 2189 亿元,较上年增长 6.4%,占全市生产总值比重为 12.1%,占第三产业增加值比重为 17.8%,为杭州经济社会企稳向好发展提供了良好支撑。

作为一部全面客观反映 2021 年杭州市金融业发展状况的文献,《2021 年度杭州金融发展报告》系统总结了这一年里杭州金融业的总体发展与运行状况,梳理了杭州金融业相关的基础数据和基本资料,提炼了杭州金融业取得的成效和亮点,分析了杭州金融业的发展趋势和发展痛点,并提出了未来杭州金融业持续高质量发展的建议。报告由六个部分组成,分别是综合篇、行业篇、平台篇、机构篇、政策篇、附录。衷心感谢在杭金融监管部门、杭州市各相关单位、各相关金融组织等机构对本报告编写工作的大力支持。感谢浙江大学经济学院课题组的辛勤付出。

我们由衷希望,《2021 年度杭州金融发展报告》的编撰出版,可以为上级领导、金融监管部门、行业机构、研究单位以及社会读者提供有益的参考。同时,真诚欢迎广大读者对报告存在的不足之处提出建设性的意见,以便我们在将来做得更好。

《2021 年度杭州金融发展报告》编委会
2022 年 9 月

目 录

综 合 篇

行 业 篇

平 台 篇

机 构 篇

政 策 篇

附　录

综 合 篇

2021 年杭州市金融服务业发展报告

杭州市地方金融监管局　中国人民银行杭州中心支行

2021 年,杭州市经济运行总体平稳,全年实现全市生产总值 18109 亿元,较上年增长 8.5%,高于全国 0.4 个百分点。其中,第一产业增加值 333 亿元,较上年增长 1.8%;第二产业增加值 5489 亿元,较上年增长 8.6%;第三产业增加值 12287 亿元,较上年增长 8.7%。三次产业增加值结构由上年的 2.0∶29.8∶68.2 调整为 1.8∶30.3∶67.9。计算机通信电子制造业、医药制造业、电子信息产品制造产业、人工智能产业增势良好,增加值较上年分别增长 18.0%、18.1%、16.2% 和 26.9%。

2021 年,面对复杂严峻的国际国内环境和新冠肺炎疫情,全市金融机构认真贯彻落实国家和省、市金融工作部署,积极实施助企纾困举措,持续推进金融改革创新,扎实防范化解金融风险,为全市经济企稳向好发展提供了良好支撑。各项金融业指标基本平稳,全市实现金融业增加值 2189 亿元,较上年增长 6.4%;占全市生产总值比重为 12.1%,占第三产业比重为 17.8%(见表 1)。根据国内大中型城市公开数据排名,杭州金融综合竞争力位居前列,其中金融业增加值总量排名第七,存、贷款余额均排名第五,上市公司家数排名第四,保费收入排名第七。

表 1　2020—2021 年全市金融业增加值

时间	全市生产总值(亿元)	同比增减(%)	第三产业增加值(亿元)	同比增减(%)	金融业增加值(亿元)	同比增减(%)	金融业增加值占全市生产总值比重(%)
2020 年	16106	3.9	10959	5.0	2038	10.6	12.7
2021 年一季度	4198	18.3	3016	16.7	582	7.4	13.9
2021 年上半年	8646	12.7	6049	13.0	1118	6.2	12.9
2021 年前三季度	13151	10.0	9071	10.1	1703	5.0	12.9
2021 年	18109	8.5	12287	8.7	2189	6.4	12.1

数据来源:杭州市统计局、杭州市地方金融监管局。

一、金融服务业运行概况

（一）融资总量总体平稳，结构更为均衡

2021 年，全市新增社会融资规模 8690.81 亿元，较上年减少 1118.03 亿元。分类看，以人民币贷款为主的间接融资 6077.28 亿元，较上年少增 1082.82 亿元；以债券、股权融资为主的直接融资 2613.53 亿元，较上年少增 35.21 亿元（见表 2）。年末直接融资、间接融资占比分别为 30.1％和 69.9％，较上年分别上升和下降 3.1 个百分点，融资结构进一步优化。

表 2　全市社会融资规模增量结构　　　　　　　　　　单位：亿元

融资项目		2021 年新增	2020 年新增
全市社会融资规模		8690.81	9808.84
间接融资	人民币贷款	6474.50	7535.95
	外币贷款（折人民币）	−17.38	−80.74
	委托贷款	0.63	−92.68
	信托贷款	−545.28	−749.68
	未贴现的银行承兑汇票	−33.37	318.51
	其他	198.18	228.74
	合计	6077.28	7160.10
直接融资	企业债务融资工具	1577.21	1738.29
	非金融企业境内股票融资	491.29	380.79
	地方政府债券	545.03	529.66
	合计	2613.53	2648.74

数据来源：中国人民银行杭州中心支行。

（二）金融业态继续集聚

2021 年，全市新增 2 家证券分公司、1 家证券投资咨询机构、14 家期货分公司、1 家省级以上保险机构。至年末，全市共有各类银证保持牌金融机构 625 家，其中银行业 86 家、证券业 454 家（含营业部）、省级以上保险机构

86家。银行业机构具体为政策性银行3家、国有商业银行5家、邮政储蓄银行1家、股份制商业银行12家、城市商业银行14家、民营银行1家、农村中小金融机构18家、外资银行12家、金融资产管理公司4家、信托公司4家、财务公司8家、金融租赁公司1家、消费金融公司1家、汽车金融公司1家、商业银行理财子公司1家;证券业机构具体为证券公司3家、证券资产管理公司2家、证券分公司63家、证券营业部265家、证券投资咨询机构3家、公募基金公司1家、期货公司10家、期货分公司36家、期货营业部71家。

2021年末,全市主要地方金融组织中,有小贷公司51家、融资担保公司84家、典当行82家、融资租赁公司311家、商业保理公司1家。

(三)银行业稳中有进

1.贷款增势趋缓

2021年末,全市金融机构本外币各项贷款余额56274.77亿元,较年初增加6745.49亿元;同比增长13%,较上年下降4.88个百分点。分月份看,贷款增速前高后低(见图1)。

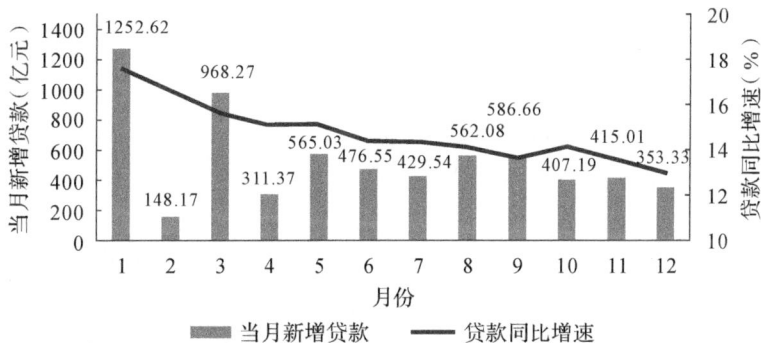

图1 2021年全市金融机构本外币各项贷款月度增长情况

数据来源:中国人民银行杭州中心支行。

从贷款部门结构看,2021年末全市住户贷款余额22648.12亿元,比年初新增2219.07亿元,同比增长10.86%;企(事)业单位贷款余额33237.54亿元,比年初新增4216.57亿元,同比增长14.53%。

从贷款期限结构看,2021年末中长期贷款余额35731.26亿元,比年初新增 5671.70 亿元,同比增长 18.91%;年末短期贷款余额 16814.09 亿元,比年初新增 237.63 亿元,同比增长 1.37%(见表3)。

表3　2021年末全市金融机构本外币贷款余额及增幅

指标	年末余额(亿元)	比年初增长(亿元)	同比增减(%)
各项贷款余额	56274.77	6475.49	13.00
其中:一、住户贷款	22648.12	2219.07	10.86
1. 短期贷款	7413.87	−160.26	−2.11
2. 中长期贷款	15234.25	2379.33	18.51
二、企(事)业单位贷款	33237.54	4216.57	14.53
1. 短期贷款	9400.22	397.89	4.30
2. 中长期贷款	20497.01	3292.37	19.21
3. 票据融资	2535.40	685.54	37.06
4. 融资租赁	794.30	−11.61	−5.08
5. 各项垫款	10.61	−5.09	−10.17

数据来源:中国人民银行杭州中心支行。

从贷款投向行业看,年内贷款增长最快的三个行业分别为信息传输、软件和信息技术服务业,租赁和商务服务业,水利、环境和公共设施管理业,增幅分别为 42.05%、23.93% 和 14.66%。剔除购房贷款因素,年内新增额最大的三个行业分别为租赁和商务服务业,水利、环境和公共设施管理业,制造业,增加额依次为 846.52 亿元、619.08 亿元和 599.40 亿元(见表4)。

表4　2021年全市各行业贷款情况

贷款投向行业	余额(亿元)	比年初增减(亿元)	同比增减(%)
房地产开发贷款	4754.50	538.02	12.76
购房贷款	10744.64	1233.06	12.96
制造业贷款	5902.04	599.40	11.17
批发和零售业贷款	2819.66	270.69	10.61
信息传输、软件和信息技术服务业贷款	809.64	239.68	42.05
租赁和商务服务业贷款	4381.46	846.52	23.93
水利、环境和公共设施管理业贷款	4842.39	619.08	14.66

数据来源:中国人民银行杭州中心支行。

从贷款企业类型看,年末大型企业、中型企业、小型企业和微型企业贷款余额分别为 9418.57 亿元、12039.76 亿元、7171.39 亿元和 1858.75 亿元,较上年分别增长 8.43%、14.08%、13.55%和 26.14%。

从辖内四区三县(市)看,贷款增速排名前三的依次为余杭、临安、富阳,增幅分别为 25.65%、25.02%和 23.75%(见表5)。

表5 2021年末区(县、市)本外币贷款余额占比和增速

指标	萧山	余杭	富阳	临安	桐庐	淳安	建德
余额(亿元)	5897.40	3977.45	2242.49	1218.35	825.86	414.61	684.34
占比(%)	10.48	7.07	3.98	2.17	1.47	0.74	1.22
增速(%)	15.71	25.65	23.75	25.02	18.48	15.93	21.22

数据来源:中国人民银行杭州中心支行。

2.存款增势趋缓

2021年末,全市金融机构本外币各项存款余额 61044.30 亿元,较年初增加 6797.82 亿元,同比增长 12.53%,较上年下降 7.25 个百分点。月度增速总体呈波动下行态势(见图2)。

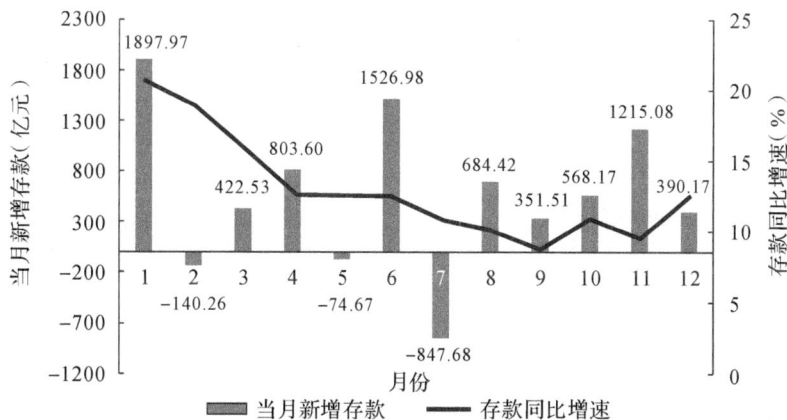

图2 2021年全市金融机构本外币各项存款月度增长情况

数据来源:中国人民银行杭州中心支行。

从存款部门结构看,年末住户存款余额 15818.4 亿元,同比增长 9.86%;非金融企业存款余额 27221.68 亿元,同比增长 9.17%;广义政府存款余额 10472.29 亿元,同比增长 16.04%。

3. 资产质量继续向好

2021 年,全市银行业机构累计实现利润 614 亿元,较上年增长 37.3 亿元。年末全市不良贷款余额 454.6 亿元,较年初增加 19.1 亿元;不良贷款率 0.80%,较年初下降 0.07 个百分点。

(四)证券期货业强势增长

1. 证券期货业保持活跃

2021 年,全市共有法人证券公司(含资产管理公司)5 家,证券营业部 265 家,法人公募基金公司 1 家,法人期货公司 10 家,与上年持平(见表 6)。全市证券经营机构累计代理交易额 32.5 万亿元,较上年增长 26.5%,交易额占全省的 43.2%;实现利润 16.7 亿元,较上年下降 6.5%。全市期货经营机构累计代理交易额 70.3 万亿元,较上年增长 42.6%,交易额占全省的 74.6%;实现利润 21.85 亿元,较上年增长 25.7%。

表 6　2021 年杭州证券业基本情况

项　目	数　量
总部设在辖内的证券公司数(含资管公司)(家)	5
证券营业部数(家)	265
总部设在辖内的公募基金公司数(家)	1
总部设在辖内的期货公司数(家)	10
期货营业部数(家)	71
年末境内上市公司数(家)	201
境内上市公司年度累计募集资金总额(亿元)	948.03
其中:首次发行累计筹资额(亿元)	339.60
再融资累计筹资额(亿元)	608.43

2. 上市家数创历史新高

2021 年,全市累计新增上市公司 52 家(境内 41 家、境外 11 家),创历史新高。年末全市共有境内外上市公司 262 家(境内 201 家),居全国第四位。

3.股权融资有所回落

2021年,全市企业股权融资共计720.81亿元,较上年下降204.17亿元。其中:境内外IPO(首次公开发行)融资503.17亿元(境内298.99亿元);上市公司定增209.55亿元;新三板挂牌企业定增8.09亿元。

4.债券融资较快增长

2021年,全市债券融资共计3322.49亿元,较上年增长1316.46亿元。其中:银行间市场债务融资工具2916.00亿元,可转债196.39亿元,上市企业公司债40.50亿元,企业债169.60亿元。

(五)保险业企稳回升

2021年,全市保险机构累计保费收入969.04亿元,较上年增长3.69%;占全省的33.9%。其中:财产险保费收入302.95亿元,较上年增长5.44%;人身险保费收入666.09亿元,较上年增长2.91%(见表7)。

2021年,全市保险机构累计赔付支出316.05亿元,较上年增长20.93%,占全省的30.7%。其中:财产险赔付支出178.32亿元,较上年增长7.47%;人身险赔付支出137.73亿元,较上年增长44.32%。

表7　2021年杭州保险业基本情况

项　目	数　量
总部设在辖内的保险公司数(家)	4
其中:财产险经营主体(家)	2
寿险经营主体(家)	2
保险公司省级分支机构(家)	86
其中:财产险公司分支机构(家)	38
人身险公司分支机构(家)	48
保费收入(中外资,亿元)	969.04
其中:财产险保费收入(中外资,亿元)	302.95
人寿险保费收入(中外资,亿元)	666.09
各类赔款给付(中外资,亿元)	316.05

（六）地方金融业规范发展

1.地方法人金融机构经营稳健

2021 年末，杭州银行资产总额 13905.65 亿元，较上年增长 18.93％；存款余额 8106.58 亿元，较上年增长 16.14％；贷款余额 5885.63 亿元，较上年增长 21.69％。全市农商行资产总额 9004.85 亿元，较上年增长 15.69％；各项存款余额 7018.33 亿元，较上年增长 14.84％；各项贷款余额 5474.59 亿元，较上年增长 19.11％。新型农村金融机构资产总额 160.17 亿元，较上年增长 6.21％；各项存款余额 120.40 亿元，较上年增长 6.25％；各项贷款余额 130.94 亿元，较上年增长 17.00％。4 家法人信托公司资产总额 274.76 亿元，较上年增长 13.85％；负债总额 53.73 亿元，较上年增长 3.02％。

2.小贷行业基本平稳

2021 年末，全市共有小额贷款公司 51 家，注册资本 90.57 亿元。年末贷款余额 112.39 亿元，较上年增长 3.3％；全年累计发放贷款 2 万笔、金额 180.91 亿元，较上年分别下降 22.2％和 7.9％。

3.担保行业增势良好

2021 年末，全市共有融资性担保机构 84 家，注册资本 154.5 亿元。年末融资担保余额 680.34 亿元，较上年增长 17.7％；全年累计发生担保业务 5.2 万笔，担保金额 814.8 亿元，较上年分别增长 36.5％和 69.4％。

4.典当行业稳中有进

2021 年末，全市共有典当行 82 家，注册资本 44.99 亿元。典当余额 41.56 亿元，较上年增长 6.9％；全年累计发生典当业务 4.23 万笔、金额 238 亿元，较上年分别下降 3.9％和增长 39.1％。

5.私募基金业规范发展

2021 年末，全市在中国证券投资基金业协会登记备案的私募基金管理人 1523 家，较年初减少 25 家；备案基金 8323 只，较年初增加 2114 只；管理资产规模 8462.99 亿元，较年初增加 1831.59 亿元。私募基金管理人家数、备案基金数、管理资产规模分别占到全省的 53.6％、54.5％和 43.4％。

(七)金融基础设施进一步优化

1.信用体系建设稳步推进

2021年末,全市共有备案企业征信机构6家、信用评级机构5家,全年对外提供企业征信服务16.69亿次、信用评级和评分服务约4800笔。杭州征信有限公司累计为8万户中小微企业建立信用档案。

2.支付体系不断优化

2021年,全市大、小额支付系统和网上支付跨行清算系统共处理业务19.76亿笔、金额181.18万亿元。2021年末,全市移动支付活跃用户达997.21万户,全年发生移动支付交易217.1亿笔、金额29.03万亿元。创新建设"开户码",支持银行机构精准识别个人客户风险,累计提供查询服务425.98万次。

3.外汇管理服务便利化进程加速

截至2021年末,全市有1131个银行机构网点开办结售汇业务,229个银行机构网点开办远期结售汇业务,164个银行机构网点经营期权业务。至年末,全市远期结售汇履约额216.3亿美元,同比增长62.5%;套期保值比率15.7%,同比提高3.9个百分点。全市共有148家企业开展贸易外汇收支便利化试点,累计办理试点业务10.2万笔、金额260.08亿美元。2021年,全市共办理资本项目外汇收入支付便利化试点业务2.2万笔,涉及企业282家,支付金额39.8亿美元。

4.跨境人民币业务快速增长

2021年,全市跨境人民币累计结算量6267亿元,同比增长25.0%。全市累计有44家银行、5993家企业与163个国家和地区开展跨境人民币业务。

二、重点工作推进情况

(一)围绕金融要素保障,深化融资畅通,为杭州经济社会发展提供有力资金支持

综合运用多种货币政策工具,加强对金融机构的信贷指导,推动全市

信贷总量稳定增长。快速精准用好央行政策性资金,全力助企纾困,2021年全市累计发放再贷款再贴现资金金额占全省的16.7%。累计向14万户小微企业实施延期还本付息政策,并向符合央行资金支持条件的小微企业发放信用贷款。协调23家签约金融机构累计向我市投放各类资金1.6万亿元,履约完成进度166.7%。做优杭州金融综合服务平台,截至2021年末,平台已累计入驻银行52家,上架金融产品302个,注册企业15.3万户,撮合融资金额1773亿元。

(二)围绕金融普惠为民,强化精准滴灌,助力杭州争创共同富裕示范区城市范例

一是加强政策支持。聚焦共同富裕,出台金融支持服务实体经济高质量发展、乡村振兴、科技创新、山区26县发展等实施意见,构筑起支持共同富裕示范区建设的金融政策体系。2021年,全市民营经济、涉农、农户、普惠小微贷款分别新增2921亿元、1036亿元、584亿元和2126亿元,余额增速分别高出各项贷款3.2个、2.7个、12.1个和25.9个百分点。二是做优专项行动。聚焦普惠小微,先后组织金融系统开展"首贷户拓展""中小微企业金融服务能力提升工程""百地千名行长进民企送服务""个体工商户融资破难试点"等行动,推动小微企业融资拓面增量。2021年,全市新增小微企业首贷户2.2万户,同比多增0.33万户;普惠小微贷款余额增长38.9%。三是推动降本让利。深入推进贷款市场报价利率(LPR)应用,发挥央行低息资金引导作用,推动企业贷款利率稳步下降。2021年,全市企业贷款平均利率4.59%,较上年下降0.22个百分点。

(三)围绕深化改革开放,推动金融创新,建设杭州国际金融科技中心

持续推进集聚区建设。2021年末,杭州金融城、钱塘江金融城已集聚省级以上持牌金融机构96家,玉皇山南基金小镇等3个金融特色小镇已集聚各类服务机构3330家,管理资产规模1.5万亿元。获批区域性股权市场浙江创新试点、区域性股权市场区块链试点,建成浙股交科创助力板。稳步开展金融科技创新监管试点,推动"基于卫星遥感和人工智能技术的智能化农村金融服务"等9个试点项目正式对外服务。推进中国(浙江)自由贸易区杭州片区金融改革创新,启动本外币合一银行账户体系试点,共开立银行账户7836户,办理人民币资金收付3057.82亿元、外币资金收付34.4亿美元。探索开展QFLP(Qualified Foreign Limited Partner,合格境外有限合伙人)试点,出台合格境外有限合伙人试点暂行办法。

(四)围绕统筹发展与安全,坚持防化结合,维护杭州良好金融生态

一是加强党对金融工作的领导。建立钱塘江金融港湾党建联盟党史学习教育基地。组织金融顾问团走访服务企业1000余家次,落实融资金额300亿元。二是规范地方金融行业发展。抓好地方金融组织日常监管,指导、督促地方金融组织依法依规运营,全年共退出地方金融组织29家,其中问题小贷公司4家、典当行5家、融资担保机构19家、地方交易所1家。压降风险类上市公司7家。三是推进重点领域风险排查整治。成立市私募投资基金风险防范处置工作组,完成首轮私募投资基金行业风险排查。有序推进网贷风险后续司法处置。深入打击治理电信网络诈骗,开展"断卡"行动和"百日攻坚"行动,全市电信网络诈骗案件、案损金额较年初分别下降70.0%和64.8%。四是加强风险防范宣传。设立金融风险防范化解基层宣教服务点,组织开展杭州市属院校防范非法金融活动视频大赛,推进金融宣传"进电视、进电台、进公交、进校园",全市累计受教育群众达500万人次。

三、下一步工作重点

(一)推动金融总量与地方经济增速基本匹配

动态研判信贷增长边际和趋势性变化,引导金融机构合理把握全年信贷投放的力度和重点,增强全市贷款增长稳定性,有效满足实体经济资金需求。强化评估激励,有效发挥货币政策工具总量和结构双重功能,加快新政策的落实。支持法人金融机构运用金融债产品多渠道补充资本、资金,提升对实体经济持续服务能力。加大民营企业等重点领域企业发债支持,降低民营企业发债条件和发债成本。

(二)抓好疫情防控和经济社会发展金融保障

落实"杭十条""杭州服务业纾困四十条"等各项稳经济政策措施,精准出台金融纾困和支持经济高质量发展政策措施。充分发挥普惠小微贷款支持工具的牵引带动作用,推动普惠小微贷款"扩面、增量、降价"。利用碳减排支持工具、科技创新和普惠养老专项再贷款等专项贷款工具,争取更多优惠政策资金落地杭州。贯彻房地产金融审慎管理政策,维护房地产市场平稳健康发展。落实落细降准降息政策,推动小微企业综合融资成本稳中有降。

(三)加快推进杭州国际金融科技中心建设

落实金融业"十四五"规划、钱塘江金融港湾发展实施计划,积极建设"一核"(杭州金融城、钱塘江金融城)、"三镇"(玉皇山南基金小镇、西湖蚂蚁小镇、运河财富小镇)、"多点"(湘湖金融镇、黄公望金融小镇等若干金融集聚区),有序引导金融资源向核心金融区块和优势产业区块集聚,提升钱塘江金融港湾发展能级。加快落地一批重大项目。加大总部金融机构、高层次金融人才、大型金融科技公司招引力度,打造现代金融产业体系。

(四)进一步深化金融改革创新

稳妥推进金融科技创新监管试点,引导银行保险机构与金融科技公司加强合作,运用现代信息技术手段赋能金融"惠民利企"。推进区域性股权市场创新试点,加快建设"数字股交"。深化浙江自贸区杭州片区金融改革创新,开展存货融资服务平台试点,扩大本外币合一账户试点范围。争取获批国家级科创金融改革试验区,探索构建贷、股、债联动的科创金融服务体系。推进数字人民币应用试点。落实国家营商环境创新试点城市改革任务,保持我市获得信贷指标处于国内领先水平。

(五)切实维护地方金融稳定

在网络借贷平台出清的基础上,加快已立案平台司法处置进度,不断提高追赃挽损率,信访化解率和化解质量。抓好地方金融组织日常监管,指导、督促地方金融组织依法依规运营。推进私募基金分类整治和专项验收。持续跟踪民营小微、外贸企业等领域风险演变,防范企业债券违约风险。贯彻《浙江省地方金融条例》,配合建设地方金融风险"天罗地网"监测防控机制。强化监管力量配置,支持杭州银行保险监管机构实体化运作。

行　业　篇

2021 年杭州市银行业发展报告

浙江银保监局

2021 年，杭州银行业紧紧围绕"立足新发展阶段、贯彻新发展理念、构建新发展格局"，扎实做好服务实体经济各项工作，平稳有序防范化解金融风险，加快推动金融改革创新，助力打造"重要窗口"，推动建设共同富裕示范区城市范例。

一、银行业运行基本情况

（一）资产负债规模增势较好

截至 2021 年 12 月末，杭州市银行业表内总资产 8.25 万亿元，较年初增长 8449.85 亿元，同比增长 11.41%；总负债 7.95 万亿元，较年初增长 8072.04 亿元，同比增长 11.30%。

分银行类型来看，2021 年末，全市政策性银行、大型银行、股份制银行、城商行、农商行的资产总额分别为 0.62 万亿元、2.58 万亿元、1.72 万亿元、1.49 万亿元和 0.89 万亿元，同比增长 2.92%、10.17%、3.94%、19.62% 和 15.80%。其中，城商行、农商行得益于货币政策更大力度定向支持中小微企业和"三农"领域，资产增速相对较快。

从区域看，主城区银行业表内资产总额为 6.33 万亿元，同比增长 9.15%，资产总额占全市银行业资产总额的 76.7%。其次是萧山区，表内资产总额 7293.61 亿元，占全市的 8.84%；淳安县体量最小，资产总额为 866.02 亿元，占全市的 1.05%。

(二)信贷结构不断优化

全市银行业信贷资源持续配置向重点领域和行业倾斜,合理匹配实体经济有效需求。年末全市各项贷款余额5.66万亿元,全年新增贷款0.66万亿元,同比增速13.18%。

从贷款投向看,重点领域信贷供给良好,服务实体经济重点领域贷款增速高于平均水平,其中,制造业贷款、批发零售业贷款、基础设施类贷款①、小微企业贷款增速分别为16.67%、27.33%、15.03%和26.37%。房地产贷款增速"稳中趋缓","稳刚需"政策效果逐步显现,年末房地产贷款余额1.58万亿元,同比增长11.90%;个人购房贷款余额1.01万亿元,同比增长13.86%。

分银行类型看,2021年度,全市政策性银行、大型银行、股份制银行、城商行、农商行分别新增贷款221.43亿元、2588.38亿元、959.74亿元、1259.16亿元和858.03亿元,贷款余额同比增加4.07%、15.50%、6.90%、23.57%和19.12%。其中,大型银行充分发挥出行业"头雁"作用,当年度新增贷款最多;城商行、农商行具有地域优势,更大力度支持当地经济,发挥出区域性关键作用,贷款余额增速较快。

(三)净利润增速由负转正,呈现企稳回升态势

2020年,受新冠肺炎疫情冲击导致宏观经济下行、金融机构减费让利政策导向、加大拨备计提力度夯实风险抵御能力等因素影响,全市银行业利润增速大幅下降,落入负增长区间。2021年,随着经济持续恢复,贷款规模稳健扩张,不良风险加速出清,全市银行业净利润增速由负转正,呈现企稳回升态势。2021年末,全市银行业实现净利润613.99亿元,比上年增加37.25亿元,增长6.46%。净利润增长主要是资产规模扩张带动利息净收入增加193.82亿元;净息差保持稳定,较年初仅降低0.03个百分点。

---

① 基础设施类行业包含以下四大行业:电力、热力、燃气及水的生产和供应业,交通运输、仓储和邮政业,租赁和商务服务业,水利、环境和公共设施管理业。

（四）信贷资产质量平稳可控

2021年，全市银行业坚持"应核尽核、应处尽处"原则，加快清除不良贷款"淤积"、做实贷款分类，逾期90天以上贷款与不良贷款的比例为76.64％。全年处置不良贷款446.37亿元。在严格资产质量分类、真实暴露不良贷款的要求下，全市银行业风险持续出清，不良包袱加速清理，资产质量得到进一步提升。截至2021年12月末，杭州市银行业不良贷款率为0.80％，比年初下降0.07个百分点。

二、银行业运行面临的主要风险

（一）实体部门信贷有效需求面临下滑趋势

近期调研发现，实体经济有效需求乏力态势可能延续到2022年，对下阶段信贷投放形成拖累。据银行机构反映，从2021年二季度开始，公司类贷款提款量明显下降：全国层面，根据中国人民银行四季度银行家调查问卷，贷款总体需求指数（67.7％）比上季、上年同期分别下降0.6个和3.9个百分点；全省层面，根据主要银行储备贷款的情况看，2022年总体信贷需求储备不及上年；全市层面，2021年末杭州市各项贷款占全省比例为34.14％，比年初降低0.65个百分点。

（二）部分领域潜在风险需高度关注

当前相对宽松的财政货币政策以及延期还本付息等应急措施暂时延缓了风险暴露。据测算，延期还本付息的贷款将裂变为不良贷款的约占当年新增不良贷款的10％。作为信贷投放重点领域的房地产行业整体风险可控，但潜在风险累积，杭州房企项目贷款在全省最为集中，个别房企输入性风险显现，部分以房地产业务为主的机构面临风险处置和业务转型双重压力。

（三）如何平衡"稳信贷"与持续高质量发展面临诸多挑战

当前杭州市银行业账面不良率虽处于历史低位，但企业部门偿债能力有弱化趋势，房企面临"三道红线"，政府类融资受到监管约束，中长期信用风险反弹的可能性不容忽视。从银行机构自身看，如何摆脱抵质押约束、扩大信贷覆盖面仍是待解课题，服务科技创新的机制仍待完善，息差收窄导致中小银行内源性资本补充能力下降，资本约束收紧，信贷持续投放能力受限。如何既稳住信贷又做到风险可控、实现行业高质量发展，是必须面对的挑战。

三、2022 年银行业发展展望

2021 年，浙江银保监局联合有关部门共同出台支持共同富裕示范区建设五年行动方案，系统谋划金融支持路径。出台银行业保险业支持创新发展、助力碳达峰碳中和、支持山区 26 县高质量发展等诸多政策文件。同时深入推进金融支持经济持续恢复和高质量发展，落实延期还本付息政策，健全常态化"双保"融资支持机制，推动无还本续贷、中期流动资金贷款增量扩面。稳步推进重点领域风险防控，配合推进大型出险房企风险化解，落实地方政府隐性债务风险防控要求，加强互联网平台金融活动监管。2022 年，全市银行业将进一步聚焦服务实体经济、防控金融风险、深化金融改革三大任务，更好服务杭州经济社会发展。

（一）不断完善金融支持共同富裕的有效路径

坚持科技创新与绿色发展双轮驱动，大力推动首贷、信用贷、无还本续贷增量扩面，将更多金融资源向制造业、民营小微等重点领域、薄弱环节倾斜，为共同富裕提供有力金融支持。大力推动服务信托和慈善信托发展。加强政策落地情况跟踪监测，差异化制定金融支持淳安发展政策，强化项目化清单化闭环管理，推动高质量发展建设共同富裕行动方案、支持 26 县跨越式高质量发展行动方案等政策有效落地实施。

（二）持续做好重点领域监管与风险防控

加强重大风险分析研判，完善信用风险统计监测制度，建立信用风险防控常态化长效机制。着力强化创新业务、合作业务的监管，前置合规和消保工作,督促审慎开展与第三方互联网平台、线下合作平台的联合贷款、引流合作业务,筑牢风险隔离墙。加强房地产领域风险防控,重点关注涉房业务合规管理情况、经营用途贷款违规流入房地产领域等问题,严防各类资金违规流入房地产行业。做实贷款风险分类,加快处置不良贷款。持续优化行政许可、行政处罚、案件防控、现场检查、投诉举报处理等工作机制,推进依法规范履职,提升工作效率。

(三)加快推进金融改革创新

继续用好中期流动资金贷款、知识产权质押融资等机制,推进减负降本工作,优化营商环境。围绕"双碳"目标,数字赋能完善碳金融信息共享和场景应用,健全基于碳效分类等级的企业融资情况统计监测和评价体系。在科创企业集聚区域设立科技特色支行,打造更多金融支持创新发展实验平台,促进科技成果转化和产业化。深化创新业务、省会城市监管改革,大力推进智慧监管,推动金融综合服务平台(金综平台)迭代升级、监管统计制度改革试点、行业级风控区块链体系建设。

2021 年杭州市资本市场发展报告

浙江证监局

2021 年,杭州市坚持以习近平新时代中国特色社会主义思想为指导,全面贯彻党的十九大和十九届历次全会精神,深入贯彻习近平总书记对杭州工作的重要指示批示精神,统筹推进疫情防控和经济社会发展,有效促进杭州资本市场平稳运行。

一、杭州资本市场发展概况

(一)上市公司数量领先,后备企业资源充足

2021 年,杭州市新增境内上市公司 39 家[①],占全省新增总数的 44.32%,位居全省第一;新三板挂牌企业减少 35 家。截至 2021 年底,杭州市有境内上市公司 201 家,其中主板上市公司 121 家、北交所上市公司 1 家、创业板上市公司 58 家、科创板上市公司 21 家;新三板挂牌企业 187 家;浙江股权交易中心挂牌展示企业 2942 家。截至 2021 年底,全市有拟境内上市企业 137 家,其中辅导期企业 103 家、已报会待审核企业 31 家、已过会待发行企业 3 家。杭州上市公司数量在省内各地市中位居榜首,后备企业资源充足,且在各市场板块间形成了良好的梯队效应,为各类企业对接多层次资本市场发展奠定了坚实的基础。

---

① 2021 年全市 IPO 上市新增 38 家,多喜爱、鹿港文化、浙文互联迁入增加 3 家,*ST航通终止上市,海峡创新迁出杭州,因此合计新增 39 家。

(二)股债融资协同发展,畅通直接融资工程

2021 年,杭州市有 38 家公司在境内 A 股市场完成首发融资共 339.60 亿元,融资额同比上升 199.42%。其中,12 家公司在主板上市,融资 121.32 亿元;13 家公司在创业板上市,融资 77.64 亿元;12 家公司在科创板上市,融资 139.83 亿元;1 家公司在北交所上市,融资 0.81 亿元。除首发融资外,有 33 家上市公司实施再融资共 608.43 亿元,融资额同比下降 19.58%。其中,21 家上市公司增发融资 209.54 亿元,融资额同比下降 49.98%;13 家上市公司通过可转债、公司债融资 398.89 亿元,融资额同比增长 18.17%。此外,2021 年杭州有 45 家企业发行公司债券 85 只,融资 1031 亿元,融资额与 2020 年基本持平(见表 1)。

表 1   2021 年杭州市境内上市公司情况

序号	指标名称	2020 年年末数	2021 年新增数	2021 年年末数
1	境内上市公司(家)	162	39	201
2	其中:主板①(家)	107	14	121
3	创业板(家)	46	12	58
4	科创板(家)	9	12	21
5	北交所(家)	—	1	1
6	募集资金②(亿元)	4629.19	948.03	5577.22
7	其中:首发募资(亿元)	1147.77	339.60	1487.37
8	其中:主板(亿元)	829.59	121.32	950.91
9	创业板(亿元)	237.00	77.64	314.64
10	科创板(亿元)	81.18	139.83	221.01
11	北交所(亿元)	—	0.81	0.81

① 2021 年 4 月 6 日,深交所主板与中小板合并正式实施,本书中主板数据均按合并后口径统计。同比基数为 2020 年度或 2020 年 12 月 31 日的主板与中小板合并数据。

② 募集资金包括杭州境内上市公司首发融资、交易所股票市场再融资(增发融资、优先股融资和配股融资)和交易所债券市场融资(公司债、可转债、可交换债和资产证券化产品)。

续表

序号	指标名称	2020 年年末数	2021 年新增数	2021 年年末数
12	再融资①(亿元)	3481.42	608.43	4089.85
13	过会待发企业(家)	8	——	3
14	已报会企业(家)	43	——	31
15	辅导期企业(家)	70	——	103

(三)证券基金行业健康发展,综合竞争力显著提升

截至 2021 年底,全市有证券公司 3 家、分公司 63 家、营业部 265 家,证券资产管理公司 2 家,证券投资咨询机构 3 家,公募基金管理公司 1 家;全市证券投资者开户数 908.69 万户;证券经营机构托管市值 2.94 万亿元,客户交易结算资金余额 687.15 亿元。2021 年,全市证券经营机构共实现代理交易额 32.47 万亿元、手续费收入 59.65 亿元、利润总额 16.53 亿元;全市证券公司实现营业收入 121.47 亿元,实现利润总额 54.51 亿元。截至 2021 年底,公募基金管理公司管理规模 450.44 亿元。2021 年证券公司分类评价中,财通证券、浙商证券被评为 A 类。

2021 年,全市证券公司坚持深耕浙江、服务实体经济高质量发展,与省内多个地市政府、国有企业、金融机构深化战略合作,推荐优质企业进入资本市场,全年服务浙江企业新增直接融资 2135 亿元,再创历史新高。浙商沪杭甬杭徽高速 REITs(不动产投资信托基金)作为全国首批公募 REITs 产品发行上市。

(四)期货行业开拓创新,期现结合助企富农

截至 2021 年底,全市有期货公司 10 家、分公司 36 家、营业部 71 家;全市期货投资者开户数 35.66 万户,客户保证金余额 951.92 亿元(见表 2)。2021 年,全市期货经营机构共实现代理交易额 70.26 万亿元、手续费收入 25.49 亿元、利润总额 21.85 亿元;期货公司共实现代理交易额 69.43 万亿

---

① 包括杭州境内上市公司交易所股票市场再融资(增发融资、优先股融资和配股融资)和交易所债券市场融资(公司债、可转债、可交换债和资产证券化产品)。

元、营业收入 46.87 亿元、利润总额 21.62 亿元(见表3)。2021 年期货公司分类评价中,永安期货、浙商期货、南华期货被评为 AA 类。

2021 年,全市期货公司推广"保险＋期货"服务"三农"模式,助力农户致富和乡村振兴;创新"期货锁价＋配送""期货稳价订单"等模式服务企业有效管理原料价格风险,促进产销顺畅。

表 2　2021 年杭州市证券期货经营机构情况

序号	指标名称	2020 年年末数	2021 年新增数	2021 年年末数
1	证券公司(家)	3	0	3
2	证券资产管理公司(家)	2	0	2
3	证券分公司(家)	61	2	63
4	证券营业部(家)	265	0	265
5	证券投资咨询机构(家)	2	1	3
6	公募基金管理公司(家)	1	0	1
7	证券从业人员(人)	6147	560	6707
8	期货公司数(家)	10	0	10
9	期货分公司(家)	22	14	36
10	期货营业部数(家)	79	－8	71

表 3　2021 年杭州市证券期货交易情况

序号	指标名称	2020 年年末数/2020 年全年	2021 年年末数/2021 年全年
1	证券经营机构代理交易金额(亿元)	257270.51	324665.70
2	其中:A、B 股交易额(亿元)	173164.16	210975.49
3	基金交易额(亿元)	5139.69	6941.80
4	证券经营机构代理交易手续费收入(亿元)	52.81	59.65
5	证券经营机构利润总额(亿元)	17.68	16.53
6	证券经营机构托管市值(亿元)	26087.91	29352.41
7	证券经营机构客户交易结算资金余额(亿元)	592.29	687.15
8	证券投资者开户数(万户)	782.82	908.69
9	期货经营机构代理交易金额(亿元)	492800.90	702580.90

续表

序号	指标名称	2020 年年末数/ 2020 年全年	2021 年年末数/ 2021 年全年
10	期货经营机构代理交易手续费收入（亿元）	17.32	25.49
11	期货经营机构利润总额（亿元）	17.39	21.85
12	期货经营机构客户保证金余额（亿元）	695.52	951.92
13	期货投资者开户数（万户）	33.53	35.66

（五）私募行业稳健发展，管理规模稳步增长

近年来，杭州市私募基金管理机构投融资活跃，管理规模持续增长，在支持企业股权融资、促进创新资本形成、服务居民财富增长等方面继续发挥积极作用。杭州市、区两级政府高度重视私募基金集聚发展、规范发展，打造了玉皇山南基金小镇、湘湖金融镇等特色金融小镇，持续加强私募基金规范治理和风险防范化解，推动形成良好的金融投资和发展环境。截至2021 年底，杭州市在中国证券投资基金业协会登记的私募基金管理人共有1523 家，发行私募基金产品 8323 只，管理资产规模 8463 亿元，同比增长 27.63%。

二、当前存在的主要风险及下一步工作措施

（一）上市公司方面

杭州上市公司发展情况总体良好，全年业绩稳步增长，行业状况持续好转，创新能力不断增强，高质量发展态势明显。但受新冠肺炎疫情影响，原料、人工、运输成本大幅上升，企业经营负担加重。原有大股东高比例质押、资金占用、违规担保风险化解进入瓶颈期，上市公司风险化解难度加大。

2022 年，浙江证监局将加强信息通报，共同做好上市公司风险防范和处置工作；加强监管协作，推动上市公司高质量发展；协同地方政府加强拟上市企业分层梯队培育，支持杭州市各类企业精准对接多层次资本市场，

加大对先进制造业、科创型企业、"专精特新"企业和创新型中小企业的支持力度。

(二)公司债券方面

近年来,杭州公司债券市场快速发展。截至 2021 年底,存续公司债券 256 只,存续规模 2681.96 亿元,约占全省公司债存续规模的 24.40%。债券兑付规模仍然较大,存量违约企业风险出清缓慢,必须持续警惕流动性风险和信用风险。

2022 年,浙江证监局将着力防范化解公司债券风险。针对债券违约企业,通过约谈发行人、发函地方政府等方式督促压降违约规模。聚焦重点公司,继续强化风险排查机制和检查机制,压实发行人及受托管理人责任。深化与地方政府、交易所合作监管机制,共同防范化解风险。

(三)私募基金方面

截至 2021 年底,杭州市私募基金管理机构数量和基金产品规模占全省比例分别为 53.65% 和 43.44%。私募基金在支持中小企业、创新创业企业股权融资方面发挥了重要作用。但随着经济金融形势的变化,私募行业进入调整期,前期快速发展中隐藏的矛盾和问题集中显现,部分私募机构违法违规募集、管理、使用基金财产的风险持续暴露。总体来看,杭州私募行业必须持续警惕流动性风险、违规风险和道德风险,个别私募机构还涉嫌违法犯罪。

2022 年,浙江证监局将守牢风险底线,促进私募基金行业规范发展。

2021 年杭州市保险业发展报告

浙江银保监局

2021 年,杭州保险业认真贯彻落实杭州市委、市政府和浙江银保监局的决策部署,持续推动杭州保险业充分发挥保险功能,筑牢实现共同富裕的"底座",服务保障杭州共同富裕城市范例建设。

一、杭州市保险业运行状况

2021 年,杭州市保险业保费收入 969.04 亿元,同比增长 3.69%,高于全省 0.85 个百分点;赔付支出 316.05 亿元,同比增长 20.93%,高于全省 6.04 个百分点。

全市财产险公司实现保费收入 302.95 亿元,同比增长 5.44%;赔付支出 178.32 亿元,同比增长 7.47%。全市财险公司实现承保利润 22.42 亿元,同比增长 56.00%。

全市人身险公司实现保费收入 666.10 亿元,同比增长 2.91%;赔付支出 137.73 亿元,同比增长 44.32%。分险种看,寿险业务保费收入 544.86 亿元,同比增长 4.08%;人身险公司经营的健康险业务实现保费收入 110.98 亿元,同比下降 1.19%。

二、保险业服务实体经济举措及成效

(一)保障社会经济平稳发展

一是围绕科技创新针对性开发保险产品,积极探索知识产权保险业务试点。2021 年,全市保险机构为各类首台(套)重大装备提供风险保障

21.8亿元,保险费率下降17.3%。二是发挥保单增信功能,切实减轻企业负担。2021年,杭州保险业通过保证金保险业务在工程建设、诉讼保全等领域累计为企业释放保证金1149.5亿元,为企业减负约43亿元;保险费率0.13%,为全省地市最低。出口信保浙江分公司累计支持全市3536家企业出口约267亿美元,为155家企业提供融资增信保额65.7亿元。三是发挥资金融通功能,为实体经济发展提供融资支持。2021年,保险资金在杭债权投资规模已达到约100亿元,逐步成为实体经济发展的一股重要支持力量。

(二)推动农业保险服务乡村振兴

一是建立农业生产保障机制,促进农业稳产、农民增收。2021年,全市开办农业保险险种近50个,提供风险保障126.2亿元,赔付金额3.4亿元,同比增长47.1%。在全省率先推出的多险合一型新型农业经营主体综合性保险,2021年共为1948户新型农业经营主体提供种养业收入损失风险保障13.1亿元,支付赔款1894万元。二是建立"保险+"服务体系,推动农村产业发展。为农业农村现代化提供全链条、全方位的综合性金融保障。如实施"保险+融资"综合服务,推广惠民小额贷款保证险服务项目,提高农村经营主体信贷可获得性;开展"保险+期货"项目,试点生猪期货价格指数保险。三是建立农村基础设施保障机制。拓展农村公路财产保险业务,实现风险保障229.8亿元,有效缓解农村公路灾后修复资金筹集难题。

(三)推动商业补充医疗保险和专属养老保险增量扩面

截至2021年末,全市"西湖益联保"投保人数超470余万人,平均参保率42.6%,累计赔付超45万人次,赔付金额约5亿元,赔付率70.6%。推动保险机构与"浙里办"、医保结算等系统间的数据对接,实现保险赔付线上"一站式"解决。杭州保险业以专属商业养老保险试点工作为契机,全力助推养老事业发展。2021年,新华人寿浙江分公司等6家试点公司在全市累计销售专属商业养老保险保单1万余件,重点服务新业态从业人员和灵活就业人员养老需求。桐庐县率先开展长期护理保险,助力解决失能失智老人护理难题。保险公司积极在杭投资运营养老机构,截至 2021 年末,滨江、余杭、临安、富阳等地养老社区已陆续开设。

三、2022 年保险业发展展望

(一)支持共同富裕长效化更加深入

全市保险业将进一步细化支持政策和举措,切实发挥好巩固薄弱环节和人群的托底作用。着力推进农险"提质、扩面、拓链"。以主粮作物完全成本保险为突破口,推动提高各类农险产品的保障水平;探索"整村统保"等方式,不断提高小农户承保覆盖面;探索将保险服务延伸到优质农业的上下游产业链,提供全生产周期和品牌销售管理等服务。着力发展绿色保险和科技保险,助推培育新动能。深化绿色保险系列产品创新,做好复制推广,服务"双碳"目标;扩大首台(套)产品保险覆盖面,加大知识产权、科研物资装备和科研成果质量的保障力度,助推制造强省建设。

(二)服务社会治理现代化逐步成型

全市保险业将持续完善公司治理,补齐制度短板。突出风险管理功能,积极发挥保险机制在改进公共服务、强化托底保障等方面的辅助作用。发展和完善"保险＋服务"等业务模式,探索运用科技手段提升整体智治能力。开展行业自然灾害及重大事故应急机制迭代升级,推进自然灾害理赔等数字化建设,提升行业应急管理精细化水平。持续推进惠民型商业补充医疗保险高质量发展,深入推进专属商业养老保险试点工作,结合杭州实际,探索丰富养老产品供给,促进和规范发展第三支柱养老保险。推动人身保险公司积极参与长期护理保险制度试点服务。

(三)治乱象防风险常态化进一步开展

浙江银保监局将推动全市保险业继续加强风险监测,强化对偿付能力、股东股权、资金运用等重点风险的防范力度。持之以恒整治市场乱象,防范化解风险,守住底线。推进车险综合改革常态化,推动新能源车专属条款平稳落地。深化"警保合作",探索搭建车险智慧监管平台,综合治理车险违规行为。保持监管高压态势,大力整治各类恶性竞争、监管套利、藏匿风险等违法违规行为;持续关注信保业务、互联网业务等领域风险状况,督促审慎开展业务,提升风险防控能力。

2021 年杭州农商银行系统发展报告

浙江农商联合银行杭州管理部

2021 年以来,在杭州市委、市政府和浙江农商联合银行以及金融监管部门的坚强领导下,杭州农商银行系统坚持党建引领,扎实推进党史学习教育,积极投入助力乡村振兴、助推共同富裕、深化数字化改革等大事要事,大力开展"业务提升年"活动,全年工作取得新成效。

一、业务运行总体情况

规模稳步增长,市场份额双双上升。存贷规模超 1.26 万亿元,存、贷款增量和增速双双高于杭州市全部金融机构平均水平。截至 2021 年末,各项存款余额 7102.84 亿元,增幅 15.37%,在全市金融机构市场中的份额为 11.72%,位列第二;各项贷款余额 5563.99 亿元,增幅 20.15%,在全市金融机构市场中的份额为 9.98%,位列第二。

资产质量稳中向好。2021 年末,五级不良贷款率 0.82%,不良贷款拨备覆盖率 571.42%,拨贷比 4.69%,远高于监管要求。

二、重点业务工作

(一)不忘初心,推动金融服务共同富裕示范区建设走深走实

一是全力抓实乡村振兴战略金融服务工程。不断加大对乡村振兴、美丽乡村、未来乡村建设等方面的信贷支持力度,全年涉农贷款余额 1916.32 亿元、农户贷款余额 1509.77 亿元,增速均高于各项贷款。持续 13 年深入开展"走千访万"活动,全面掌握农户金融服务需求,农户小额普惠贷款授

信共完成 99.80 万户,授信率 100％,用信率 33.88％。政银联动汇聚乡村发展合力,联合杭州市委人才办启动乡村振兴人才银行"春雨计划",8 家农商行成立全国首个"乡村振兴人才银行",计划 5 年内提供不少于 500 亿元专项信贷资金。截至 2021 年末,实现杭州市委人才办认定的乡村人才金融服务授信覆盖率 100％,合计授信 140.82 亿元。二是全力推进融资畅通工程。认真贯彻省委、省政府关于推动融资畅通工程迭代升级部署要求,加快普惠小微扩面增量,重点推进小微企业首贷户拓展。截至 2021 年末,小微企业贷款余额 3121.55 亿元,增幅 22.41％,高于各项贷款增速。其中新增小微企业首贷户 13126 户、个体工商户 3796 户。加快金融供给结构优化,重点支持先进制造业、科创型企业、"专精特新"中小企业等,推广园区普惠贷、税银贷、知识产权质押贷等。三是全力抓深基层社会治理。提升社区银行服务效能,融入乡村治理体系,杭州市省版"三资"系统人口录入 475.13 万人,覆盖率 100％。丰富未来社区金融服务,已与 18 个试点社区签订协议或实现合作项目落地,项目授信 36.3 亿元,发放贷款 18.2 亿元,认购公司债 1.2 亿元。

(二)持续发力,推进"业务提升年"活动见行见效

一是大零售转型精准有力。推进"社银联通"工程,截至 2021 年末,共发行社保卡 702.4 万张(三代社保卡 74.77 万张)。强化老年客群、新型就业群体等运营服务,系统内 5 家农商行已开展"银色家园"阵地建设,推广"时间银行"志愿服务平台,探索适老化特色增值服务。二是数字化改革活力增强。通过政府与金融数据的融合,不断丰富数字贷款业务。截至 2021 年末,数字贷款余额 540.21 亿元,增幅 55.08％。坚持从群众的高频需求和关键问题入手,持续深耕医疗、菜场、校园、社区等"智慧"系列场景服务,不断推进"一网通办"向基层延伸。三是运营管理能力提升。各行积极探索、落地资产负债管理,深推网点运营转型。截至 2021 年末,全市智能柜员机网点覆盖率 63.88％,无纸化网点覆盖率 98.63％。强拓财富管理业务,全辖理财存续规模达 1057.36 亿元,实现理财中间业务收入 7.43 亿元,全年理财产品累计发行金额 2248.38 亿元。

(三)安全经营,确保防范风险隐患有力有序

一是有序防控监管风险,严格贷款准入与审查,做实资产风险分类,重点抓好大额不良处置和存量不良化解。注重合规体系建设,开展员工行为风险排查和案件风险专项排查,提升审计和纪检监督质效。二是加强安全生产,开展"平安护航建党百年"和"迎亚运保平安展风采"活动。三是强化不良资产风险防控和处置,完善线上智能风控体系,深化分层分类清收。截至 2021 年末,累计完成清收处置不良贷款 30.10 亿元,其中收回现金 19.6 亿元,呆账核销 7.34 亿元。

(四)党建引领,激发活力推动组织建设创新创优

一是推动党史学习教育"深处走",内部持续掀起理论学习热潮,外部走基层扬党旗,便民惠企解难题 2446 个,提炼"党建＋金融"实践成功经验 26 个,发挥"党建＋服务＋业务"的叠加优势,持续做大党建联盟"朋友圈"。二是着力锻造高素质、专业化的人才队伍,营造充满活力的干事创业氛围,健全能上能下机制,注重年轻队伍培养,强化理想信念与合规意识。三是扎实履行社会责任,搭建助农服务平台,参与"春风行动"、资助贫困大学生、融入文明城市创建、抗击台风"烟花"、开展"千家驿站送清凉"等。

三、业务发展展望

2022 年,杭州市将进入开启新征程、奋进新时代的关键一年,同时也是浙江农信成立 70 周年和新一轮深化农信社改革元年。面对外部经济社会环境日趋复杂的形势,杭州农商银行系统总体思路是:认真贯彻杭州市十四届人大一次会议精神和浙江农商联合银行全年工作部署,守好"红色根脉",立足全系统改革发展新阶段,深化以人为核心的全方位普惠金融,全力以赴开展"深化改革年"活动,稳进提质、除险保安,促进各项业务持续健康发展,为杭州市奋力打造世界一流的社会主义现代化国际大都市做出新的更大贡献。

（一）坚持党建引领，在服务社会经济发展中强化政治担当

坚持党的全面领导，提高政治执行力，结合各地关于共同富裕、普惠金融、未来乡村建设、碳中和碳排放、房地产金融等热点课题，把握正确的业务经营重点和方向，确保党关于金融工作的决策部署落实到位。加强党建共建互动交流，提升"党建＋金融"服务效能。聚焦重点领域和关键环节日常监督管理，厚植清廉农信文化。

（二）着眼发展大局，在服务共同富裕的新征程中彰显金融担当

一是高质量推进乡村共富。围绕浙江省共同富裕示范 10 项标志性成果，落实浙江农商联合银行助力乡村共同富裕 20 条意见。担纲"乡村振兴主办银行"和"乡村振兴人才银行"，重点支持农创客等新型农业经营主体，做深农户小额普惠贷款，服务农业"双强"，扎实推进乡村产业、乡村建设、乡村治理。二是高要求助力实体经济。持续推进小微金融工程三年行动计划和小微企业首贷户拓展，强化与省市金综平台数据对接，推动政策有效直达市场主体，深化先进制造业、绿色金融、科技创新、"专精特新"、外贸企业等重点领域金融服务保障。三是高标准增进民生福祉。深耕场景，提供涵盖教育、养老、医疗、投资等全生命周期金融服务，助推杭州民生实事项目办实办好。精准对接就业创业人群融资需求，补齐新市民金融服务短板，覆盖养老服务及新就业形态劳动者服务。强化营业网点、丰收驿站公共服务能力建设，助推基本公共服务优质共享。

（三）聚焦"改革落实年"，在服务县域经济发展中展现农信担当

一是纵深推进数字化改革新突破。加大科技金融研发，提速网点转型，创新数字化产品、流程。有效融入"四个办"、数字乡村建设等数字化服务体系，加大政府公共数据与农信数据资源综合运用。围绕市民美好生活需求，持续深化各类"智慧＋"场景，积极融入未来社区、未来乡村建设。二是精准施策零售金融更强劲。深化客群服务管理，推动全场景全客群分析与营销。持续发力"社保卡一卡通"，提升社保卡业务价值。三是加快探索

财富管理新发展。通过自营和代销方式构建起具有本地特色的财富管理战略,加强与保险、基金、信托、证券等外部机构合作,打造短、中、长全期限理财产品体系,助力有条件的百姓获得更多财产性收入。

(四)立足优势资源,在服务自身可持续发展中检验组织担当

加强精细化管理,提升主动资产负债管理能力。加强员工行为管理,强化审计监督与权力监督制约,推进反洗钱管理、防控信贷风险和完善资本管理。认真做好疫情防控、护航党的二十大等重要时点的金融安全保障工作。优化队伍梯队结构,抓牢年轻干部、青年员工培养和基层锻炼,以高水平队伍推动高质量发展。

2021 年杭州市小贷业发展报告

杭州市地方金融监管局

2021 年,市地方金融监管局认真贯彻落实国家、省、市有关文件精神,突出行业监管、扶持发展、防控风险等工作,积极引导全市小额贷款公司发放"小额、分散"贷款,服务实体经济发展。

一、小额贷款公司运营情况

(一)基本情况

截至 2021 年底,全市共有小额贷款公司 51 家,除钱塘区外,各区、县(市)均设立了 2 家以上小额贷款公司,注册资本总额为 90.57 亿元,净资产总额为 108.15 亿元,较 2020 年末下降了 0.85%。

(二)业务开展情况

2021 年 1—12 月,全市小额贷款公司累计发放贷款金额 180.91 亿元、贷款笔数 2 万笔,其中累计发放小额贷款 57.56 亿元、1.7 万笔,占比分别为 31.82%、85%。截至 2021 年底,全市小额贷款公司贷款余额为 112.39 亿元,贷款笔数为 1.06 万笔,贷款余额较上年增长了 3.29%,其中发放小额贷款余额为 39.92 亿元,贷款笔数为 8917 笔,占比分别为 35.52%、84.12%;逾期贷款余额为 13.35 亿元,逾期率为 10.1%,较 2020 年下降了 4.43 个百分点。

(三)公司盈利情况

2021 年,全市小额贷款公司平均年化利率主要在 12.08%—13.06% 波动,年末平均利率为 12.76%,较上年下降了 0.73 个百分点。截至 2021 年 12 月底,全市小额贷款公司向银行、股东融资共 11.45 亿元,占注册资本总额的 12.64%,较上年上升了 3.06 个百分点。全市小额贷款公司全年实现业务总收入 9.47 亿元,净利润 4.62 亿元,全年净资产收益率为 4.27%,比上年上升了 0.84 个百分点,有 8 家为亏损,亏损家数较上年减少 2 家。

二、开展的工作

市、区(县、市)地方金融工作部门按照省地方金融监管局统一部署,开展小额贷款公司监管工作,同时积极扶持小额贷款公司发展。

(一)完善监管体系

市、区(县、市)地方金融工作部门均已明确监管人员,建立 AB 岗监管制度,坚持非现场监管与现场检查相结合。根据小额贷款公司实际情况和监管评级结果实施分类监管,对于经营稳健、符合支农支小政策导向的小额贷款公司鼓励创新,在经营地域、业务范围、融资渠道上给予更多发展的空间及政策支持;对于高风险小额贷款公司,实施严格监管,限制业务范围、经营地域。

(二)督促合规经营

市、区(县、市)地方金融工作部门通过日常监管,督促小额贷款公司及时对发现的问题进行整改,督促规范经营。如组织开展了全市 2020 年度监管评级工作;会同市财政局开展主城区小额贷款公司省风险补偿金认定工作;妥善处置信访及审计中发现的问题,落实好属地监管责任等。拱墅区、临安区、富阳区等金融办针对个别经营风险较大的小额贷款公司,定期走访、监测,及时提示风险,责令整改等,有效地做好了风险防控。

（三）严格变更事项审批程序

市、区（县、市）地方金融工作部门按照"最多跑一次"要求，进一步梳理对外公布事项，对小额贷款公司申报材料加快审批流程。根据省局下发的变更事项有关工作通知要求，规范市级审核事项、申请材料、审核程序及相关要求。2021年，审核变更事项34项，转报省局18项。

（四）加强扶持创新发展

为扶持行业发展，市、区（县、市）地方金融工作部门推动小额贷款公司入驻"杭州e融"平台，并鼓励合规且经营较好的小额贷款公司开展业务创新。如西湖浙农小贷与浙商银行合作开展了"联贷通"业务，有效降低了企业融资成本；浙江人才小贷累计为人才及科技类企业发放贷款2.67亿元，占总贷款额的67.93%。

三、存在困难

受外部市场、疫情等因素影响，我市小额贷款公司在运营中存在经营风险大、税收负担重、对外融资难、涉诉处置难等困难，影响了小额贷款公司可持续发展。

（一）竞争压力大

受当前普惠金融、扶持中小企业等政策影响，银行放款相对宽松，小额贷款公司利率相对来说要高于银行机构的放贷利率，缺乏竞争优势，导致行业竞争加剧，营销压力增大，小额贷款公司生存空间受到了压缩。

（二）税收负担重

小额贷款公司税负约占营业收入的30%，远高于农村信用合作社。营改增以来，税种由营业税的5%提高到增值税的6%，一方面应收利息均要确认为收入，另一方面银行贷款利息及咨询费的进项不能抵扣，增值税可抵扣项目较少，导致小额贷款公司税负不减反增，这也在很大程度上降低了小额贷款公司的抗风险能力。

(三)融资渠道不畅

根据《浙江省地方金融监督管理局关于印发〈浙江省小额贷款公司监督管理工作指引(试行)〉的通知》精神,小额贷款公司对外融资放大倍数最高可达到5倍,但大部分小额贷款公司难以从银行等渠道进行对外融资,实际对外融资放大倍数不到0.1倍。

(四)涉诉资产处置难

全市小额贷款公司全年涉及司法诉讼案件220件,诉讼金额为1.22亿元。小额贷款公司在诉讼中普遍面临"执行难"的问题,导致不良资产处置缓慢,化解缓释风险不及时。

2021年杭州市典当业发展报告

杭州市地方金融监管局

2021年，市地方金融监管局认真贯彻落实国家、省、市有关文件精神，强化监管职能，以规范促发展，积极引导典当业有序经营。全年全市典当行积极发挥"小额、短期、简便、灵活"特点优势，总体运行平稳，为中小微企业提供融资便利。

一、基本情况

2021年底，杭州市共有82家典当行、3家分支机构。根据全国典当行业管理信息系统数据，截至2021年底，全市典当行注册资本共计44.99亿元，典当余额41.56亿元；2021年全市典当行累计发生典当业务4.23万笔，发放贷款238亿元，平均单笔业务发放贷款不到60万元，充分体现小额特点。

从同比数据来看，2021年全市典当行家数略有下降（由90家减少至85家，含分支机构），但总体实力有所增强，符合"减量增质"的监管趋势，主要表现为：一是资本金实力有所提高。2021年，全市典当行注册资本比2020年增加2.6亿元，单家典当行平均注册资本约为5486万元，同比增长10%；总资产为50.87亿元，同比增长19.38%。二是业务规模有增长。2021年，全市典当行累计典当总额与年末典当余额同比分别增长39.1%和6.9%，呈现较好增长态势。三是盈利能力有一定提升。2021年，全市典当行利息和综合服务费收入为41903万元，实现利润总额15319万元，同比分别增长了46.08%和1.98%。四是头部效应较为明显。近年来，部分头部典当行（营运资金在1亿元以上）通过增资控股，增强了企业资本实力。据统计,2021 年全市 12 家头部典当行的年典当金额、年上缴税金、营业收入分别为 232 亿元、7505 万元和 4 亿元,均为历史最高值,分别占全市所有典当行的 97.4％、96.88％和 89％。

从业务结构来看,2021 年全市房地产典当业务金额为 144 亿元,占比 60.5％,财产权利典当业务金额为 57.37 亿元,占比 24.1％;房地产抵押与财产权利质押典当金额占总典当金额的 84.6％;珠宝、字画等民品业务持续减少,典当业务金额为 18 亿元,仅占总典当金额的 7.56％。

二、存在问题

近年来,杭州市典当行总体发展平稳,未发现重大风险隐患,但发展过程中依然存在部分问题,主要表现在以下四个方面。

(一)典当行整体盈利水平一般

根据全国典当行业管理信息系统数据,2021 年度全市亏损典当行家数为 30 家,占全市典当行家数的 35.2％,亏损金额为 3057 万元,平均每家典当行亏损金额为 101.9 万元。即便是经营情况较好的头部典当行,平均资金收益率为 8.42％,平均资金利润率为 4.5％,经营盈利能力一般。

(二)典当行内部管理不够规范

目前,全市典当行普遍内部管理不够规范,内部制度建立有所缺失,部分典当行未建立内部决策、控制和风险管理制度,造成了风控能力不足的问题。

(三)典当行业务结构单一

目前,全市典当行注册资本普遍较低,资产规模偏小,业务创新能力明显不足,业务类型主要集中在房地产抵押典当,使得超比例违规经营现象较为普遍,而过于依赖房地产也给典当行带来一定的风险。同时,由于市场、人才等因素影响,民品业务萎缩较为严重,偏离了典当本源。

（四）典当行专业人才匮乏

民品业务中当物鉴定、评估对从业人员要求高，涉及面广，而全市典当行平均每家从业人员为 6.04 人，当物鉴定专业人才匮乏已经成为制约全市典当行业发展的瓶颈。

三、已开展的各项工作

为进一步督促典当行合规经营，2021 年市地方金融监管局一方面做好日常监管，另一方面压实属地责任，指导区、县（市）金融办认真开展各类监管工作。

（一）严格把关，做好全市典当行变更批复或初审转报工作

根据省、市审核权限的调整，及时起草下发杭州市典当行市级变更事项审核办法，指导区、县（市）操作，同时完善涉省级变更事项转报的内部审核流程，严格按照文件精神对典当行变更材料仔细慎审核。2021 年，共完成典当行变更批复及转报省局 22 件。

（二）积极部署，做好典当行年审相关工作

一是根据省地方金融监管局复评结果，做好 2020 年度典当行年审后续的整改、核实、换发新证以及注销清退工作；二是做好全市典当行 2020 年度年审工作。经复评，全市参加 2020 年度的 28 家典当行中通过类 12 家、整改类 12 家、退出 3 家，剩余 1 家纳入下一年年审。截至 2021 年末，已完成年审后续相关的整改核实工作并报送省地方金融监管局。

（三）深入实地，开展典当行专项检查工作

抽取部分典当行进行年审期间现场专项检查，对典当行年审材料进行现场复核，重点检查典当行合规经营情况；聘请第三方中介机构对浙江物宝典当有限责任公司、杭州鑫融典当有限责任公司进行现场检查，下发书面通知要求属地督促企业核实整改到位。

(四)加强交流,开展典当行调研走访工作

结合"三服务"等活动,积极开展实地调研工作,调研走访杭州西子典当有限责任公司、浙江物宝典当有限责任公司等多家典当行;邀请典当行业协会召开座谈会,进一步了解典当行发展经营情况、存在问题,搜集梳理典当行对监管部门的工作建议及意见,共同探讨典当行下一步发展思路。

2021 年杭州市融资担保业发展报告

杭州市地方金融监管局

2021 年,市地方金融监管局严格按照国家和省、市有关文件政策精神,以深化政府性融资担保体系改革为主线,紧紧围绕部署的目标任务,突出行业监管、扶持发展、防控风险等重点工作,全市融资担保行业整体环境得到优化,担保业务稳中有进,政府性担保机构业务飞跃发展,在服务小微企业和"三农"工作中基本形成以政府性担保机构为龙头引导,国有与民营相互补充、相互促进、融合发展的格局。

一、全市融资担保行业基本情况

(一)机构情况

2021 年,全市新设 2 家融资担保机构,另根据《浙江省地方金融监督管理局关于公布融资担保行业第三批规范检查结果的通知》和后续整改延伸工作要求,引导清退机构 19 家,年末全市融资担保机构共 84 家。全市前期列入政府性融资担保机构 17 家,经认定列入第一批政府性融资担保机构名单为 10 家。

(二)业务开展情况

监管系统显示,截至 2021 年底,杭州市融资担保机构担保余额合计 680.34 亿元,较 2020 年底增长了 17.7%,担保户数 11.26 万户,其中小微企业和"三农"担保余额为 244.78 亿元,较 2020 年底增加了 98.8 亿元,增幅为 68%。10 家政府性担保公司为小微企业和"三农"担保余额为 106.94

亿元,较 2020 年底增加了 65.77 亿元,增幅为 160％。

(三)风险指标情况

监管系统显示,截至 2021 年底,全市融资性担保机构流动性资产 237.55 亿元,净资产 203.64 亿元,担保业务放大倍数为 3.34 倍,融资性担保业务放大倍数为 2.95 倍,与 2020 年相比略有上升。担保代偿率为 2.38％,融资性担保代偿率为 2.57％,风险总体可控。

二、已开展的各项工作

(一)开展各类日常监管工作

一是开展融资担保行业整改规范工作。结合杭州市融资担保行业前期整改成果,组织各区、县(市)开展规范整改工作。在最终全市列入整改的 30 家融资担保机构中,22 家通过整改,6 家列入整治,2 家不通过整改。在后期整改延伸工作中,与相关区、县(市)金融办协调,已劝退 3 家列入整治的融资担保机构。二是做好从事车贷担保业务非持牌机构摸底排查工作。经区、县(市)摸底排查,市地方金融监管局复核,最终列入全市非持牌机构整治名单的共 77 家。三是开展审计调查工作。为加强对地方金融组织日常监管,促进合规经营、防范金融风险,委托第三方会计师事务所对 4 家融资担保机构开展抽查审计。四是开展分类监管预评级工作。根据省地方金融监管局通知要求,组织上城、拱墅、余杭区金融办对全市 32 家融资担保机构开展分类监管预评级工作。通过公司自评、区初评、市复核等评定过程,初步确定 A 级为 6 家,B 级为 16 家,C 级为 6 家,D 级为 4 家。

(二)做好风险防范工作

截至 2021 年底,杭州市本级收到各类融资担保行业信访投诉件共 31 件,主要涉及内容为收费过高、业务透明度不够、存在软暴力行为等。为妥善处理信访投诉,防控风险,一是压实企业主体责任,督促融资担保机构进一步规范业务流程、逐步降低费率、完善业务模式;二是落实属地监管责任,督促相关区、县(市)融资担保行业主管部门及时做好信访投诉处置工作,防止发生因处置风险投诉不当形成的次生风险;三是强化日常监管责任,通过行业监管信息系统、报表审核、备案初审等非现场监管和对辖内融资性担保公司不定期进行现场检查、抽查、高管约谈等措施,确保担保公司规范运营。

(三)引导担保行业服务小微企业和"三农"发展

一是做好《推进全市融资担保行业持续健康发展的实施意见》出台相关工作。为更好服务实体经济,推动融资担保行业整体提升、强化政府性融资担保机构引领作用、完善政策扶持举措、促进行业规范发展,市地方金融监管局起草了《推进全市融资担保行业持续健康发展的实施意见》并以市政府办公厅名义发文。二是做好年度融资担保机构风险补偿工作。根据省、市相关文件精神,组织开展了省、市两级补偿(助)资金的申报审核工作,引导融资担保机构服务小微企业和"三农"。三是积极推进人才科创担保。目前,全市有8家融资担保机构专门开发了人才创业贷产品,如杭州市高科技融资担保有限公司开发的品种有园区保、杭科保、高企保、孵化保、知产保、开行保等多项产品;杭州市融资担保有限公司开发了"杭云担"产品,通过信息化系统与银行实现业务直联,全流程线上审批,实现见贷即保;杭州供销农信融资担保有限公司针对农业人才适时开发灾情贷、农保贷、小微工商贷、农合联贷、丰收通、小额农户贷等产品,帮助杭州地区农业开发特色种植业、养殖业、小微企业;浙江中睿融资担保有限公司制定了创业担保贷款三年服务规划,在余杭未来科技城、良渚新城等创业人群聚集区建立创业担保贷款服务工作站,主动提供精准服务、现场服务、数智服务。截至2021年底,杭州市融资担保机构为人才科创累计担保总额93.13亿元,年度新增担保额43.67亿元,新增户数1万余户,担保费率普遍在0.8%左右,在推动人才科创带动就业、缓解融资难融资贵方面发挥了切实作用。

(四)进一步健全政策性融资担保体系建设

一是加快政府性融资担保体系改革。为贯彻落实中央、省文件要求,杭州市明确由市财政局牵头,以杭州市融资担保有限公司为主体,控股(参股)市本级2家政府性担保机构,组建杭州市融资担保集团。集团组建后,将统筹全市政府性融资担保机构资源,通过股权、业务协同等多种方式,形成全市政府性融资担保机构合作机制。二是建立目标进度通报制度。为跟踪并及时掌握全市政府性融资担保机构开展小微企业和"三农"业务情况,激励扩大业务规模,市地方金融监管局要求政府性融资担保机构定期上报业务开展情况,定期将目标进度通报区、县(市)人民政府和各政府性融资担保机构。三是督促指导相关地区组建政府性担保机构。目前,桐庐县、西湖区已组建国有全资的政府性担保机构,建德市通过国有控股51%的股份,在原浙江电联融资担保有限公司的基础上组建政府性融资担保机构。

三、存在的主要问题

(一)民营担保机构银担合作未得到根本改善

银行作为社会融资体系的主要组成部分,目前对担保行业特别是民营担保机构的认同感不够,部分银行对民营和政府性融资担保机构区别对待,加大了民营融资担保机构的经营难度,民营融资担保机构面临着银行随时中断合作的风险。

(二)服务小微和"三农"的担保机构持续减少

全市新增业务为零的担保公司逐年增加,集中在从事小微企业和"三农"业务为主的民营融资担保机构。主要原因为服务小微企业和"三农"的单笔代偿较高,部分担保机构内部风控能力弱,风险性大,导致部分担保机构转型车贷、消费贷或其他非融资担保业务。

(三)担保公司合规意识不强

在日常监管和整改、审计工作中,发现我市部分担保机构合规意识不强、经营不够规范,如存在关联方资金挂账、准备金计提未按规定足额计提、资产比例不符合监管要求、办公地址与注册地址不一致、变更信息在监管系统备案更新不及时等情况。

四、下一步工作思路

(一)加强行业监管

探索市和区(县、市)两级联合监管执法,建立多层次、组合式监督,发挥地方金融主管部门、市场监管、银保监、税务等部门相应的监督管理职能,进行系统性、全方位监督管理。

(二)加大风险防控

按照"属地管理、专人负责,谁主管、谁负责"的原则,建立区、县(市)政府统一领导,相关部门协同配合、快速反应的行业监管和风险防控处置机制,积极稳妥地做好融资担保风险处置工作。

(三)加快体系建设

加快推动政府性融资担保机构一体化建设,建立以市融资担保有限公司为主体,市和区(县、市)两级联动的政府性融资担保机构体系。引导政府性融资担保机构坚持扶持小微企业和"三农"发展、低费率的政策定位,以缓解小微企业和"三农"融资难问题。

(四)优化扶持政策

完善现有融资担保业务保费奖补办法,按不高于融资担保机构上年度日均担保余额 0.5% 的比例给予为小微企业和"三农"服务的融资担保机构补贴。鼓励区、县(市)政府根据本区域实际建立政府性融资担保机构代偿补偿基金,对政府性融资担保机构担保代偿损失给予补偿,进一步增强抗风险能力。

2021 年杭州市股权投资发展报告

杭州市地方金融监管局

一、2021 年杭州市股权投资市场环境简析

2021 年,杭州市政府制定了《杭州市金融业发展"十四五"规划》,提出了国内股权投资市场健康发展的各项目标,以促进杭州资本市场长期稳健发展。2021 年杭州市发布了《杭州市深入推进经济高质量发展"凤凰行动"计划(2021—2025 年)》,对于杭州市推动企业加快利用资本市场实现高质量发展起了关键的促进作用。

2021 年,杭州市继续加大对重大科技创新平台的建设以及对高新技术产业的投资力度,陆续发布了数字经济、生物医药、人工智能等产业领域一系列行动方案,推动杭州高新技术产业发展。在股权投资方面,继续充分发挥政府引导基金的引领带动效能,通过 1000 亿元的创新引领母基金,采用"子基金＋直投"相结合的形式,推动重大产业项目的集聚发展。

2021 年,杭州市进一步推动了金融业新一轮高水平对外开放进程。杭州市政府颁布了《中国(浙江)自由贸易试验区杭州片区建设方案》,发布《杭州市合格境外有限合伙人试点暂行办法》,进一步推进杭州金融业新一轮高水平对外开放,构建双循环新发展格局。

二、2021 年杭州市股权投资市场发展概况

(一)基金体系进一步完善,股权投资持续增强

2021 年,杭州市股权投资市场全面回暖,基金募投规模大幅增长。募

资方面,杭州市新募基金数量及金额同比分别增长 118.58% 和 126.02%;投资方面,杭州市投资案例数及投资金额同比分别增长 44.04% 和 62.52%;企业融资方面,杭州市企业获得融资案例数及融资金额同比分别增长 76.22% 和 71.61%。杭州市股权投资市场持续活跃,得益于近年来杭州配合浙江财政陆续发起设立了多个主题特色引导基金,各级财政联动跟进,形成了多层级、多主题的政府引导基金矩阵群,为杭州市股权投资市场注入资本活力。

2021 年,围绕杭州市重点产业,杭州市人民政府陆续发布了发展规划或具体行动方案,并提出设立总规模 1000 亿元的创新引领母基金,采用"子基金+直投"相结合的形式,推动重大产业项目的集聚发展。2021 年,作为创新引领母基金的重要组成部分,200 亿元的泰格生物医药产业基金、9 亿元的交银产投股权投资基金相继落地。随着基金体系的进一步完善,股权投资和社会资本对杭州市重点产业发展的支持力度将进一步增强。

(二)股权投资科技型中小企业取得成效

近年来,杭州市委、市政府高度重视早中期科技型企业的培育发展,股权投资在支持科技型中小企业发展方面亦取得初步成效。2021 年,杭州市 B 轮及之前的早中期企业的融资案例数及融资金额占比相较于 2020 年分别增加 6.99 个百分点和 14.56 个百分点。从投资机构类型来看,杭州市企业获创业投资(VC)机构、私募股权投资(PE)机构 B 轮及之前的早中期投资案例数及投资金额占比相较于 2020 年分别提高 9.10 个百分点及 18.95 个百分点、提高 10.21 个百分点及 11.96 个百分点。

2021 年,省政府发布《浙江省科技企业"双倍增"行动计划(2021—2025年)》《关于加强技术创新中心体系建设的实施意见》,对未来科技型企业的建设目标提出了明确要求;同年,杭州市科技局、财政局联合发布《杭州市天使投资引导基金管理办法》,在早中小科技型企业投资方面进一步加强引导力度。未来,杭州市将持续引导市场化机构加强对初创期、早中期企业的培育,支持技术研发以及科技成果转移转化,科技创新策源地建设进程将进一步深化。

(三)"凤凰行动"成效初显,企业上市步伐加快

"凤凰行动"是浙江省特色行动计划,致力于助力企业上市重组。自"凤凰行动"计划发布以来,杭州市政府深入落实"凤凰行动",成效初显。2021年,杭州市企业发生退出案例314笔,其中被投企业IPO数量为218笔,IPO退出成为杭州市企业最热门的退出方式,企业通过IPO退出案例数占比同比增长84.65%。

2021年3月,"凤凰行动"计划再次升级,致力于通过培育更多"金凤凰",向"经济高质量发展"进阶。杭州市政府对此积极响应,2021年底发布《杭州市深入推进经济高质量发展"凤凰行动"计划(2021—2025年)》。随着"凤凰行动"的逐步升级,杭州企业在上市过程中将得到更多支持,杭州股权投资市场退出渠道将更为通畅,"凤凰行动"计划带给杭州股权投资市场的正面影响也会愈加明显,企业上市步伐将进一步加快。

三、杭州市股权投资业发展问题及政策建议

(一)股权投资与产学研联动合作有待加深,建议杭州进一步促进科技创新成果的资本化、产业化发展

近年来,国家、省不断强调要坚持创新在现代化建设全局中的核心地位,把科技自立自强作为国家发展的战略支撑。"十三五"期间,杭州全面实施"创新驱动发展"战略,全力落实国家及省、市各项科技新政。未来围绕进一步完善科技链条,引导股权投资支持更早期的产学研合作项目方面可进一步深化。

建议杭州进一步畅通创新产业投资渠道,不断完善"基础研究+成果转化+科技金融+人才支撑"的全过程创新生态链,推动更高水平的科技创新和资本要素共促经济社会发展;加强探索与杭州市内孵化器、科研院所、研究中心等联合设立产学研合作基金,支持更多具有重大价值的科技成果转化应用;引导私募股权投资基金优先投向专精特新示范中小企业、高成长创新型企业、瞪羚企业等产业部门认可的具有完善补充杭州市产业

链关键环节作用的企业;鼓励杭州市更多股权投资机构争取国家科技成果转化引导基金等国家级基金投资,进一步为杭州城西科创大走廊建设、打造全球科技创新策源地助力。

(二)QFLP制度实践尚未破冰,建议杭州借力自贸区建设吸引外资进入,进一步丰富杭州市投资机构类型

2021年,《中国(浙江)自由贸易试验区杭州片区建设方案》正式发布。基于自贸区的发展机遇,杭州市正式发布《杭州市合格境外有限合伙人试点暂行办法》,成为全国十余个QFLP试点城市之一。该试点也将为吸引外商股权投资企业入驻杭州发展提供渠道,支持境内外资本合作。

双循环相互促进的新发展格局,为股权投资带来新的机遇。目前,杭州市尚处于QFLP试点落地的起始阶段,尚未有QFLP基金落地杭州,QFLP制度实践尚未破冰。建议杭州市把握自贸区建设机遇,持续推动股权投资跨境业务创新,不断畅通境内外私募投资市场渠道,有序推进跨境合作、创新开放。在新形势下,杭州可积极争取QFLP外汇管理改革试点政策、QDLP(合格境内有限合伙人)试点政策等落地杭州。伴随各项试点政策的逐步施行,未来杭州可结合实际情况探索进一步放宽限制,降低管理人管理规模等相关要求以吸引外资进入。同时,杭州可探索搭建外资与内资合作沟通平台,一方面引导外资投资杭州市内企业,服务市内企业发展;另一方面助力杭州市企业开拓国际资本市场的融资空间,为中小微企业提供跨境融资支持。

(三)区域协同发展尚在加速阶段,建议杭州进一步完善股权投资区域协同发展机制

杭州作为浙江的省会城市、长江三角洲城市群的中心城市,在全省高质量发展建设共同富裕示范区中发挥着龙头领跑示范带头作用。建议杭州持续发挥其在浙江省内的"头雁"作用,唱好杭州、宁波区域金融合作"双城记",共建钱塘江金融港湾,形成杭甬金融联动发展、辐射带动周边城市发展的态势。

　　杭州是长三角南翼核心城市，也是长三角一体化发展战略中重要的节点城市。未来建议杭州持续深度融入长三角一体化发展进程。在股权投资方面，杭州可积极推进与上海的产业投资基金合作，协同支持国家和跨地区重大科技创新及研发项目的大规模融资需求；同时加强与上海在金融政策规划、协调机制制定等方面的合作，推进钱塘江金融港湾和陆家嘴金融集聚区的合作交流。

2021年杭州市创业投资引导基金发展报告

杭州市发改委

2021年,杭州市创业投资引导基金(以下简称市创投引导基金)围绕市委、市政府重大战略部署和产业发展规划,聚焦杭州市新兴产业关键环节,重点支持杭州市重大项目、重点企业和创新企业发展,充分发挥政府产业母基金的作用,吸引具有全国或国际影响力的基金管理团队落户杭州市,实现财政资金的滚动引导,带动社会投资放大了5.8倍,参股子基金所投企业有13家企业上市,募集资金172亿元,有效推动了全市创业创新和经济高质量发展大局。

一、总体情况

2021年,市创投引导基金新批复合作基金22只,批复总规模100亿元,合作基金数量是2020年的1.69倍,规模是2020年的1.79倍。创投引导基金累计批复子基金106只,批复规模262.88亿元,引导基金批复出资45.09亿元,财政资金通过引导基金放大了5.8倍。创投引导基金累计投资企业823家,投资金额112.32亿元,其中杭州企业465家,累计投资金额60.98亿元,占总投资金额的54.29%。杭州企业中有初创期企业334家,累计投资金额38.23亿元,占杭州企业投资金额的62.69%。市创投引导基金获得清科"2021年中国政府引导基金50强"和36氪"2021年度中国最受GP关注政府引导基金TOP20"等10项荣誉。

二、主要成效特点

(一)品牌特色突出,集聚效应初显

近年来,市创投引导基金以特有的体制机制、规范的管理制度、创新的服务举措、优良的运作业绩,在政府引导基金业界树立了良好的品牌和声誉,吸引各地优秀的创投机构来杭合作投资。一方面,与北京、上海、深圳等地优秀创投机构的合作数量和规模在增加。杭州作为中国十大"创投 20 年最具活力城市"之一,吸引了深创投、德同资本、磐霖资本、同创伟业等域外优秀机构落地杭州,累计签约子基金 79 只,协议规模 166.71 亿元。另一方面,与国家引导基金的合作规模扩大。吸引了建信领航战略性新兴产业发展基金、中金启元国家新兴产业创业投资引导基金等国家级引导基金的参与,基金合作规模达 13 亿元。

(二)聚焦战略新兴产业,打造创新发展高地

紧盯全球未来产业发展趋势,积极响应市委、市政府推动数字经济、建设国家新一代人工智能创新发展试验区、推进生物医药产业创新发展等号召,市创投引导基金通过与相关领域专项基金、专业化机构的多模式合作,加快数字经济、人工智能、生物医药等产业培育,已批复合作的医疗健康专项基金 12 只,总规模 42.5 亿元,引入 12 家美国生物医药企业落户杭州,成功支持 8 家生物医药企业上市,募资 105.8 亿元。如市创投引导基金合作的启真未来基金投的联川生物是一家专注于精准医疗领域基因科技产品的研发、生产和服务的企业,公司实现了多项重大技术突破,掌握了基因科技上游核心技术,已为全球 3000 多家高校、医院、科研机构及药厂提供全组学科研服务;公司累计发表用户文章超过 2800 篇,涵盖各类组学服务内容,其中发表在 CNS 主刊上的超过 50 篇,发表在子刊上的超过 300 篇。2021 年 10 月,公司完成近亿元 pre－IPO 融资,并已经启动上市辅导,拟挂科创板。

(三)提升"科技+金融"效能,有效推动科技成果转化

以"创新活力之城"建设为载体,把高校科技成果和金融结合,先后与浙江大学、西湖大学、科研院所等成立了科技成果转化子基金,催生科技成果的产业化与商业化。例如,西湖欧米(杭州)生物科技有限公司,由西湖大学生命科学学院郭天南教授联合多位临床合作者共同创立。成立初期,研究人员发现一组蛋白质分子标记物,有望大幅提高结节良恶性判断的准确度。在市创投引导基金和西湖大学科学成果转化办公室的协助下,这一科学成果迅速迎来产业转化。西湖欧米首个推进的关于甲状腺结节的良恶性诊断检测准确度可达 90%。项目已获得辰德资本、高榕资本、高瓴创投种子轮投资 5000 万元,最新估值达 4 亿元。

(四)发挥创投优势,助推杭州"凤凰计划"

积极发挥创投机构专业优势和资源优势,帮助企业理清思路,在规范企业管理、解决疑难杂症、整合各方资源、推进资本运作等多方面提供专业的管理支撑,切实有效提升企业上市和并购重组的效率和成功率。从市创投引导基金培育的上市公司数量看,相当于 5000 万元的滚动投入就能产生 1 家上市公司。2021 年有园林股份、奥泰生物等 15 家企业上市或过会,累计有 55 家企业成功上市实现资本化,其中杭州企业 35 家。同时,注重培育专注于细分市场、聚焦主业、创新能力强、成长性好的专精特新"小巨人"企业,已有杭州国芯科技股份有限公司等 26 家企业入选国家级专精特新"小巨人"企业。例如,汉洋友创投资的参与浙江大学科技成果转化的禾迈股份(688032)登陆科创板,发行价高达 557.8 元,成为 A 股"最贵新股"。这家以光伏逆变器等电力变换设备为主要业务的高新技术企业成为"高估值、高发行价、高缴款"的"三高"股。

(五)各级协同联动,助推区域特色产业发展

近年来,市创投引导基金在市本级出资的"单打一"方式基础上,建立多级联动的"多合一"出资方式,根据各区的特色和产业发展情况,市级引

导基金积极参股支持、差异化设立子基金,已与上城区、西湖区、滨江区、余杭区等多个区级引导基金开展合作,孕育创新土壤,带动地方产业发展效果明显。截至 2021 年底,市创投引导基金已有省、市、区联动子基金 39 只,带动区域配套资金 22.8 亿元。

(六)加强投后管理,提高资金使用效益

针对投前、投中和投后各个环节拟定可操作性强的实施举措,严格规范引导基金的日常操作。重视引导基金的资金回收,实现资金快速周转,提高使用效率。截至 2021 年 12 月底,市创投引导基金整体或部分退出基金共计 43 只,累计已退出总金额 10.43 亿元。

三、2022 年工作思路

(一)再增加一批合作基金,继续扩大规模

杭州市本地企业在获得市创投引导基金投资后普遍发展态势良好,据统计,获得引导基金支持的科技中小企业,在获得投资后销售收入、利税比前一年度平均增长率超过 30%,明显优于其他企业。为确保市创投引导基金工作继续在全国保持领先地位,下一步要增加合作基金数量,扩大引导基金规模,探索建立持续性财政保障机制,在投资金额和投资稳定性上形成良性预期,增加机构合作黏性,吸引头部机构落地杭州。

(二)聚焦重大平台,加大对城西科创大走廊等产业平台的支持力度

与滨富特别合作区、钱塘智慧城等产业园区深度合作,通过资金投入、资源对接等方式,赋能园区创新创业服务平台,形成创新合力。进一步加强对城西科创大走廊的科技金融支持力度,集聚更多优秀创业投资机构入驻,为创新创业企业提供全功能形式、全生命周期的科技金融服务。

(三)围绕重点产业,做好补链、强链"新引擎"

瞄准数字经济、人工智能、生物医药、新材料、新能源、量子技术等前沿

领域,与海康威视、浙江大学等高科技企业和高校科研院所加强合作,围绕产业链部署创新链、围绕创新链布局产业链,聚焦"卡脖子"工程,鼓励创投机构全球化引进早期硬科技,填补国内外空白。对具有显著经济效益预期的项目,给予重点跟踪支持,努力在创新驱动发展方面走在全国前列,大力培育新增长点和新动能。

(四)招引优势机构,加大项目、资金、人才的流入

举办第六届万物生长大会,向全球投资机构宣讲杭州市的创新创业环境,增强社会资本投资杭州的信心。赴北京、上海、深圳等城市推介市创投引导基金,招引一批国内外知名、有实力、有资源的高质量创投机构,增加杭州创投资本力量。同时,加大对本土优秀创投机构的培育,形成新一轮创投品牌机构和创投人才集聚,为"创新活力之城"建设提供源源动力。

(五)关注金融风险防范,营造良好的创投环境

按照《杭州市创业投资引导基金管理办法》,加大金融风险排查,做好风险预警防控工作。对合作期的合作基金,逐个进行梳理,加强风险排查,对已到期未收回的合作项目加强催收,对未到期的合作项目加强跟踪,保障市创投引导基金健康平稳规范运作。以"对照国际标准打造一流营商环境"为准绳,努力为创投企业创造审批最少、流程最优、效率最高、服务最好的营商环境,不断形成有利于创业投资发展的良好氛围。

2021年杭州市上市公司发展报告

杭州市地方金融监管局

2021年12月31日,杭州市共有境内外上市公司262家(其中境内A股201家),上市公司总数稳居浙江省省内第一位。杭州市2021年度首发新增境内外上市公司48家,其中首发新增境内A股38家。

一、上市公司市值情况

从总市值来看,截至2021年底,杭州市境内外上市公司实现总市值89408.01亿元,较2020年同期下降29.13%。千亿以上市值公司共8家,500亿以上市值公司共20家。

从个股来看,阿里巴巴-SW以21082.81亿元的总市值排名杭州市第一位,且远超其他企业,占杭州市总市值的23.58%;阿里巴巴美股以20531.63亿元排名第二位;海康威视排名第三位,总市值为4884.49亿元。

二、杭州市境内上市公司情况

(一)杭州市境内上市公司新增情况

截至2021年12月31日,杭州市共有境内上市公司201家,其中2021年首发新增38家,上市公司总数在全国主要城市排名第四位,排名与2020年相同,仅次于北京市、上海市和深圳市;在浙江省内稳居第一,杭州市境内上市公司数量占省内境内上市公司总数量的33.17%。

(二)上市地点及板块分布情况

杭州境内上市公司的交易场所分布以深圳证券交易所(以下简称深交所)为主。截至 2021 年底,从数量来看,深交所 106 家,占比 52.74%;上海证券交易所(以下简称上交所)94 家,占比 46.77%;北京证券交易所(以下简称北交所)1 家,占比 0.49%。从规模来看,深交所总市值 18649.51 亿元,占比 54.50%;上交所总市值 15558.50 亿元,占比 45.47%;北交所总市值 10.18 亿元,占比 0.03%。截至 2021 年底,从注册制发行上市公司数量看,深交所 14 家,占注册制发行上市公司总数的 40%;上交所 21 家,占注册制发行上市公司总数的 60%。

截至 2021 年底,从杭州境内上市公司数量来看,主板 121 家,创业板 58 家(其中为注册制发行的上市公司 14 家),科创板 21 家,北交所 1 家,占比分别为 60.20%、28.86%、10.45% 和 0.49%;从市值来看,主板规模最大,为 25847.81 亿元,创业板次之,为 6043.65 亿元,其后为科创板,为 2316.56 亿元,最后为北交所,为 10.18 亿元。板块数量和市值分布与浙江省基本相同。从新增企业看,2021 年新增 38 家境内上市公司,其中 13 家在创业板上市,12 家在科创板上市,12 家在主板上市,1 家在北交所上市。新增 38 家境内上市公司中,有 25 家为注册制发行。

(三)境内上市公司所有制分布

从杭州市境内上市公司所有制分布来看,民营经济体在数量上仍然占主导地位,全市 201 家境内上市公司中,共有 155 家民营企业,占比 77.11%;从盈利能力来看,2021 年国有经济体盈利能力不断加强,以 22.89% 的数量占比,实现总体营业收入的 65.45%,净利润占比为 47.78%。

(四)杭州市境内上市公司再融资情况

2021 年,杭州市境内上市公司再融资以增发、债券等为主,全市 201 家境内上市公司再融资总额达 446.44 亿元,在全国主要城市中排名第四位。

杭州市境内上市公司再融资金额较 2020 年同期下降 26.71%(2020 年同期 609.14 亿元)。主要降幅在定增,其中,定增融资额 209.55 亿元,同比下降 56.53%(2020 年同期 482.01 亿元)。

1. 境内上市公司再融资结构情况。按融资来分,2021 年杭州市合计再融资 446.44 亿元,其中股票市场融资 209.55 亿元,占比 46.94%;债券市场融资 236.89 亿元,占比 53.06%(债券为公司债券和可转换债券),以债券市场融资为主。按上市板块分布来看,上交所和深交所再融资额分别为 337.40 亿元和 109.04 亿元,分别占比 75.58%和 24.42%。

2. 境内上市公司定增情况。2021 年,杭州市共有 21 家境内上市公司通过增发募资,募集资金总额 209.55 亿元,较 2020 年增加 9 家,金额同比下降 56.53%。

3. 境内上市公司发债券情况。2021 年,杭州市境内上市公司共发行债券 236.89 亿元,其中有 7 家境内上市公司发行可转债,共融资 196.39 亿元;4 家境内上市公司发行公司债,共融资 40.5 亿元。2021 年债券融资较 2020 年增长 86.34%。

(五)杭州市境内上市公司并购重组情况

2021 年,杭州市 201 家境内上市公司中共有 61 家上市公司首次公布并购重组事件 100 起,涉及资产价值 219.95 亿元。金额较 2020 年同比增长 81.37%。

1. 重大并购重组情况。2021 年,杭州境内上市公司首次公布重大资产重组 2 次。与 2020 年重大资产重组次数相比,2021 年重大重组次数不变。另外在 2021 年完成的并购重组共有 28 起,其中包括 2021 年开始实施并购的立昂微,共涉及并购资金 82.14 亿元。

2. 与省内其他城市相比情况。杭州市共有 61 家境内上市公司发生 100 次并购重组(其中并购重组完成 34 次,进行中 61 次,失败 5 次),数量排名浙江省内第一;金额为 219.95 亿元,金额排名浙江省内第一。总体来说,A 股市场整体并购规模较 2020 年同期上升,显示出了回暖的态势。

3. 杭州市境内上市公司多领域并购海外资产。2021 年,杭州境内上市公司发生 7 次海外并购事件,其中 5 次为股权并购,1 次为无形资产并购,1 次同时涉及股权、无形资产和实物资产并购,占全部并购事件的7.00%;涉及金额 20.58 亿元,占全部并购事件总金额的 9.36%。

(六)上市公司盈利能力情况

1. 杭州市境内上市公司营业收入持续增长。2021 年,杭州市境内上市公司营业收入同比增长 36.24%,营业收入持续增长,与浙江省和全国整体水平相比,2021 年杭州市营业收入增速高于浙江省整体增速(30.69%),也高于全国整体增速(19.23%)。从趋势上看,在经历了 2013 年的触底回升后,近几年杭州市境内上市公司营业收入增速实现大突破。与全国主要城市相比,杭州市境内上市公司营业收入增速排名第一位。营业收入正增长的杭州境内上市公司共 171 家,占杭州全部境内上市公司的 85.07%。

2. 净利润增速排名靠前。2021 年,杭州市境内上市公司实现归母净利润 1242.56 亿元,同比增长 19.80%,增速与全国主要城市相比相对靠前,从整体情况来看,全国所有城市的归母净利润增速为 19.26%,整体处于上升趋势。归母净利润正增长的杭州境内上市公司共 115 家,占杭州全部境内上市公司的 57.21%。

3. 净资产收益率有所增长。2021 年,杭州市境内上市公司净资产收益率为 12.18%,较 2020 年上涨 1.68 个百分点,高于浙江省平均水平 11.21 个百分点。与全国主要城市对比,杭州市境内上市公司整体净资产收益率排名第二位,高于全国平均水平 9.73 个百分点。净资产收益率正增长的杭州境内上市公司共 63 家,占杭州全部境内上市公司的 38.89%。

(七)杭州市境内上市公司产业分布

从市值构成来看,市值超过千亿元的行业共有 6 个,分别是制造业,金融业,信息传输、软件和信息技术服务业,批发和零售业,科学研究和技术服务业,电力、热力、燃气及水生产和供应业。从营业收入及净利润构成来看,批发和零售业占杭州市境内上市公司总营业收入比例高达 40.18%;制造业和金融业净利润占比高达 75.77%。从偿债能力来看,除房地产业、建筑业、金融业外,杭州市其他 11 个行业的资产负债率均在 70%的警戒线内,偿债指标较好。与全国对比来看,杭州市整体资产负债情况良好,8 个行业资产负债率好于全国平均水平;4 个行业流动比率好于全国平均水平;12 个行业速动比率好于全国平均水平。

三、杭州市境外上市公司情况

(一)境外上市公司基本情况

截至 2021 年 12 月 31 日,杭州市共有境外上市公司 63 家,其中 2021 年新增 12 家;杭州市境外上市公司总市值为 5.52 万亿元,较 2020 年同期下降 43.43%,流通市值为 5.36 万亿元。从个股来看,总市值最大的是港股的阿里巴巴-SW,市值达 2.11 万亿元,美股的阿里巴巴排名第二,市值为 2.05 万亿元,农夫山泉以 4730.88 亿元的市值排名第三位。

(二)境外上市公司行业分布

杭州市港股和美股上市公司分布在 10 个不同行业,从上市公司数量来看,排名前四的是非日常生活消费品、房地产、信息技术和医疗保健,前四大行业上市公司数量合计占比达 64.52%。从总市值来看,排名前四的是非日常生活消费品、信息技术、日常消费品和医疗保健,前四大行业上市公司总市值占比达 95.86%。从行业总市值分布来看,非日常生活消费品公司在全市上市公司中占据重要位置。

(三)境外上市公司总体运行情况

杭州市港股和美股上市公司在 2021 年实现营业收入 18433.54 亿元,营业收入同比增长 35.81%,归属于母公司净利润 3406.81 亿元,同比增长 5.33%。杭州市港股和美股上市公司中,49 家公司营业收入实现正增长,占比 79.03%;29 家净利润正增长,另外 5 家扭亏为盈,13 家减亏,境外上市公司整体业绩回暖。

(四)近两年境外上市公司重大政策调整情况

1.2021 年 7 月 6 日中办、国办印发《关于依法从严打击证券违法活动的意见》,其中明确要求要对中概股监管和修改《国务院关于股份有限公司境外募集股份及上市的特别规定》,明确境内行业主管和监管部门职责,加强跨部门监管协同,这标志着境外上市的合规监管问题已上升到了前所未有的高度。

2.2021 年 9 月 18 日,国家发改委审议、商务部审签《外商投资准入特别管理措施(负面清单)(2021 年版)》和《自由贸易试验区外商投资准入特别管理措施(负面清单)(2021 年版)》。外商投资准入负面清单由 33 条减少至 31 条,自贸试验区外商投资准入负面清单由 30 条减少至 27 条。

3.2021 年 12 月 24 日,据证监会网站消息,为促进企业利用境外资本市场规范健康发展,支持企业依法合规赴境外上市,根据《中华人民共和国证券法》,证监会会同国务院有关部门对《国务院关于股份有限公司境外募集股份及上市的特别规定》(国务院令第 160 号)提出了修订建议,研究起草了《国务院关于境内企业境外发行证券和上市的管理规定(草案征求意见稿)》,并同步起草了《境内企业境外发行证券和上市备案管理办法(征求意见稿)》。证监会明确,在遵守境内法律法规的前提下,满足合规要求的 VIE 架构企业备案后可以赴境外上市。

4.2021 年 12 月 28 日,《网络安全审查办法》颁布,明确规定"掌握超过 100 万用户个人信息的网络平台运营者赴国外上市,必须向网络安全审查办公室申报网络安全审查"。

2021年杭州市金融仲裁工作报告

杭州金融仲裁院

2021年，杭州金融仲裁院在市司法局党委、杭州仲裁委员会的领导下，在各部门的支持协调下，全体工作人员共同努力，按照年初制定的工作要点，依法、公正、高效地开展金融仲裁工作，在后疫情时代有效化解社会矛盾、防范金融风险、推动经济复苏。

一、杭州金融仲裁案件略有下降

受新冠肺炎疫情影响，杭州金融仲裁院受理案件量近三年呈下降趋势。2021年受理案件320件，与2020年受理案件515件相比，同比下降37.86%。案件涉案标的额31.7339亿元，与2020年涉案标的额44.0455亿元相比，同比下降27.95%。根据受理案件类型分布情况，传统优势领域稳中有进，在委托理财合同纠纷、证券认购纠纷、融资租赁合同纠纷、财产保险合同纠纷、保证合同纠纷等领域有了较大拓展，证券基金投资回购纠纷、证券投资基金交易纠纷、证券纠纷等新型案件有了突破。案件类型多样化的程度较往年更深，杭州金融仲裁的影响力和辐射范围不断增强，发展前景较好。

2021年办结金融案件320件，与2020年办结案件数602件相比，同比下降46.84%。其中，结案率100%，裁决率63%，调解率18%，撤案率19%，快速结案率36.7%。在办结案件中，有6件因案情复杂、矛盾争议突出等原因进行了专家论证会，有1件被市中级人民法院撤销，没有不予执行的案件，金融仲裁取得了较好的社会效果。

二、金融仲裁面临的机遇与挑战

杭州金融仲裁院受理案件量持续下降,杭州金融仲裁发展面临不小挑战,其中主要原因有两点:一是P2P(peer to peer lending,互联网借贷平台)作为一种民间小额融资平台,前两年爆雷引起的金融案件爆发式增长具有偶发性。政府监管介入后,截至2020年11月中旬,全国实际运营的P2P网贷机构完全归零,此类案件爆发式增长的态势得到有效遏制。二是受新冠肺炎疫情影响,经济形势不容乐观,市场主体活跃度低下,金融类业务有所收缩,由此产生的金融纠纷也有所减少。此外,杭州金融仲裁院受理的案件类型多以民间借贷、金融借款、保险合同纠纷为主,证券类纠纷及银行类案件总体占比较小,但呈现稳步增长的态势。

当前我国已进入疫情常态化管理阶段,经济正恢复稳定增长,市场主体活力不断提升,金融类业务将迎来增长期。同时,《中华人民共和国仲裁法》即将修订,国家正大力支持仲裁制度建设,构建多元化纠纷解决机制。杭州金融仲裁院应把握住后疫情时代的风口期,搭乘政策东风,积极推广金融仲裁,突出金融仲裁的优势,积极促进案件类型多样化,将触角伸展至金融市场活动的多个领域,扩大杭州金融仲裁影响力。

三、积极探索金融仲裁发展新路径

(一)以银行业、保险业为发展基石

2021年,市金融仲裁院以浙商银行、杭州联合银行、建设银行、工商银行、广发银行、浦发银行为发展重点,同时积极走访招商银行、农业银行、中信银行、交通银行、宁波银行、恒丰银行、兴业银行、光大银行、华夏银行、民泰银行、江苏银行等。目前,已有银行合同中选择仲裁条款的有建设银行、浙商银行、杭州联合银行、工商银行、招商银行、广发银行、浦发银行、兴业银行、宁波银行、光大银行、民泰银行、浙江泰隆商业银行等。在保证银行传统业务选择仲裁的同时,积极推进银行创新业务优先选择仲裁,扩大业务类别及标的数额。针对商业银行类型化案件,注重梳理和总结,探索具

有金融仲裁特色的审理机制和程序规则。

保险业方面，以人保财险公司、大地财险公司、天安财险公司为主，其中大地保险已全面落实选择杭州仲裁。与保险协会及主要财产保险公司保持紧密联系，积极与人保、阳光保险等相关保险企业进行沟通，就非车险保险案件的仲裁选择进行专门商讨，进一步扩大非车险领域仲裁选择范围。

（二）积极走访具有证券、私募、融资租赁等业务的大型集团企业

与城投集团、物产中大、浙江省国贸集团资产经营有限公司、吉利集团、浙商汇金、财通证券、杭商资产管理（杭州）有限公司等大型金融企业密切联络，争取在其私募投融资、基金、融资租赁、证券等领域中全面选择杭州仲裁。积极落实与中国证券投资基金协会的战略合作事项，建立长期有效的合作关系。加强与证券业协会的联系，探索证券纠纷多元化解决机制，其中浙商证券、财通证券已选择仲裁解决。

（三）积极纳入多元化纠纷解决体系

充分发挥仲裁制度高效、便利、快捷以及充分尊重当事人意愿的优势，探索金融领域案源在诉讼与仲裁间的合理配置。杭州金融仲裁院与省地方金融监管局、市地方金融监管局等金融主管部门进行了沟通交流，充分发挥行政机关的宣传和引导作用，促进和支持金融机构选择仲裁，扩大金融仲裁发展领域，推动仲裁业务发展。金融仲裁院在省地方金融监管局的领导下，积极参与全省仲裁机构金融仲裁实务调研，探索成立浙江省地方金融仲裁联盟的可能性，争取建立以金融仲裁院为核心的业务审理机构，促进省内仲裁机构的交流与合作，提高金融仲裁院的影响力。同时，金融仲裁院还与在杭各金融行业协会、金融机构进行了有效对接，成功分流和处理了部分金融案件，充分发挥了仲裁在诉源治理中的能动作用。

（四）谨慎对待新型金融纠纷案件

响应相关部门文件政策，严格审查、谨慎处理互联网金融纠纷、民间借

贷纠纷仲裁案件。对于民间借贷纠纷案件，对有"套路贷"虚假仲裁风险的案件保持一定的敏锐度，结合法院协同治理民间借贷工作的《职业放贷人名录》，做好案件性质的审查和判断。密切关注相关政策动向，为金融仲裁案件高质量、高效率审理提供基础性保障。此外，针对个别疑难案件走访法院，沟通案件处理情况，了解相关政策要求，确保高效、公正地处理案件，保障当事人的合法权利。

四、完善与其他部门的协作统筹机制

与其他相关部门保持信息联通，全方位推进金融仲裁发展。一是积极参加金融行业协会组织的会议。杭州金融仲裁院2021年与浙江省租赁业协会、北京中伦（杭州）律师事务所举办"关于融资租赁业务重点法律与合规问题探讨"小型论坛，邀请了数十家知名企业，就企业融资租赁业务的纠纷解决问题进行了积极讨论。二是保持与法院的通畅对接。通过走访杭州市中级人民法院，就目前金融类涉刑案件所涉及的相关问题进行了交流和研讨，形成初步处理意见。三是加强了与律师事务所的协作力度。走访了北京大成律师事务所、北京德恒律师事务所、天册律师事务所、北京盈科律所杭州分所、凯麦律师事务所、浙杭律师事务所等并保持密切联系，就金融仲裁条款选择进行深入的交流研讨。四是建立与各家银行的不定期交流沟通机制。建立有效快捷的处理渠道，积极听取银行的建议，有效解决银行案件办理过程中出现的问题。

五、不断加强金融仲裁公信力建设

金融仲裁规范化不断增强，案件质量效率大幅提升。一是注重提升办案秘书办案质量及效率。督促办案秘书扮演好辅助者、服务者、参与者的角色，做好仲裁庭的服务工作，并且在推动仲裁程序上严格把关，实现金融仲裁案件高质量发展。二是针对类型化金融纠纷案件，充分发挥金融仲裁"快"的特点，研究简化仲裁程序的办法，有计划、有侧重地培养专业仲裁员，统一类案裁决书格式，提高案件审理效率。三是严格贯彻落实重大事项报告制度，加强仲裁庭的庭前沟通，庭后及时报告。对超亿元案件仲裁审理进行总结,保证案件质量。加强协调法院确认仲裁效力、发回重裁案件,对重大疑难案件加强研讨论证,控制仲裁风险。上述措施有力地践行了"程序灵活合法、实体均衡公正"的原则,为金融仲裁的公信力建设打下了坚实的基础。

六、2022年展望

(一)推进金融仲裁发展

2022年,我国已进入疫情防控常态化阶段,经济开始全面复苏,金融业务逐步回暖。杭州金融仲裁院将抓住关键窗口期,推进多元化市场解纷机制杭州模式建设,助推诉源治理,进一步推动金融仲裁院成为金融领域化解纠纷的主要力量。杭州金融仲裁院应以争创国内一流金融仲裁机构为目标,坚持仲裁发展为第一要务,逐步扩大仲裁解决金融纠纷的范围,创新金融仲裁发展方式,扩大金融仲裁社会公信力,实现金融仲裁快速、有效、可持续发展。

建立健全与金融主管部门、行业组织、具体金融机构、擅长金融业务的律师事务所、各类金融小镇等的联系与沟通,建立稳定、常态化的联络协作机制。2022年,计划召开论坛四次以上,并由杭州金融仲裁院牵头,联合杭州互联网仲裁院、杭州仲裁委萧山分会、杭州国际仲裁院等有金融纠纷案件的部门,共同探索金融仲裁事业发展新路径,形成广泛有效的仲裁业务发展格局。

(二)拓宽金融仲裁领域

2022年,杭州金融仲裁院开展仲裁工作,应在传统优势领域保持稳中有进的同时,探索寻求金融仲裁进一步发展壮大的新路径。

1.积极拓展银行业仲裁选择

加强与金融监管部门、银行业协会的沟通与交流。通过梳理金融院成立以来所承办的银行纠纷案件,制订2022年银行业仲裁发展计划,统计已有银行案件有关数据,在积极发展银行传统业务的同时,主动研究银行业发展趋势,推进银行创新业务选择仲裁。探索适应商业银行类型化案件的仲裁审理方式,争取形成具有金融仲裁特色的审理机制和程序规则。

2.加强在保险领域推进仲裁

加强与保险协会及主要财产保险公司的联系,力争在财产保险领域有新突破,争取推动2—3家财产保险公司选择仲裁条款。同时,针对已经选择仲裁纠纷解决方式的大地财险、人保财险,做好日常联络加强工作。

3.加强在证券、私募、融资租赁等领域推行仲裁

建立与中国证券投资基金协会的长期合作关系,探索证券纠纷多元化解决。加强与浙江金融产权交易中心、浙江股权交易中心的联系;联系走访金融小镇,重点拓展在私募投融资、基金管理、融资租赁等领域的仲裁选择。

4.提高担保典当的仲裁选择率

在担保、典当行业深入推广仲裁,以市担保、典当行业协会为依托,争取推动担保公司、典当拍卖行选择仲裁。

2022年,杭州金融仲裁院将坚持依法、公正、高效的原则,积极应对后疫情时代金融业态下仲裁所面临的挑战。

平 台 篇

2021年杭州国际金融科技中心 暨钱塘江金融港湾建设发展报告

杭州市地方金融监管局

2021年以来,杭州市坚决贯彻落实省委、省政府的战略部署,坚持稳妥创新发展理念,依托钱塘江金融港湾主平台,以区域金融改革创新工作为重要抓手,以提升金融服务实体经济质效为主线,紧抓杭州国际金融科技中心建设工作,推动金融更好服务高质量发展、高品质生活、高效能治理,为杭州争当浙江高质量发展建设共同富裕示范区城市范例贡献"金融力量"。

一、2021年工作成效

2021年是"十四五"规划开局之年,杭州市以数字化改革为引领,立足新发展阶段,贯彻新发展理念,在区域金融改革、金融产业集聚、金融发展生态等方面着力,构建杭州国际金融科技中心及钱塘江金融港湾发展新格局。

(一)金融综合实力实现新提升

逐步形成以传统金融为主导、新兴金融蓬勃发展的现代金融产业格局。2021年,全市实现金融业增加值2189亿元,同比增长6.4%,制造业贷款余额5902亿元,中小微企业贷款余额达2.1万亿元,有效支撑实体经济高质量发展。2021年新增上市公司52家,累计上市公司总数达262家,上市公司总数位居全国第四。据浙江大学金融科技研究院等单位联合发布的《2021全球金融科技中心城市报告》，杭州金融科技体验连续四年排名全球第一。2021年底发布的《中国金融中心指数报告》显示，杭州金融综合竞争力位居全国第五。

(二)区域金融改革取得新成效

1. 稳步推进已落地的国家级试点项目再上新台阶

2021年，杭州金融科技创新监管试点新增获批入盒测试创新应用项目4个。同时按照"成熟一个，完成一个"的原则，第一批部分创新应用已完成测试结束出盒评审工作，其中杭州银行、网商银行申报的2个项目完成了全流程闭环验证并正式出盒，金融科技创新监管机制日趋完善。区域性股权市场浙江创新试点自2021年初获证监会批准以来，进展显著。创投基金份额报价转让平台已完成一期开发，系统现已上线并试运行，创投基金退出渠道得到有效探索。以区块链为底层技术的登记交易系统成功实现与证监会监管链的跨链连通，并完成200多万条业务数据上链，有效提升监管效力。

2. 积极力争高层级金融改革试点再有新亮点

会同中国人民银行杭州中心支行积极开展数字人民币试点争取工作，在研究其他试点城市工作的基础上，结合杭州市实际情况，拟定数字人民币试点工作方案并报送省政府。2021年5月底，方案已由省政府上报至国务院。同时，为深入贯彻落实长三角一体化国家战略，杭州联合上海等长三角主要城市共同拟定《长三角区域(上海、南京、杭州、合肥、嘉兴)建设科创金融改革试验区方案》，积极申创国家级科创金融改革试验区，探索构建广渠道、多层次、全覆盖、可持续的科创金融服务体系。

(三)金融产业集聚开辟新局面

1. 物理集聚空间持续拓宽

紧紧围绕浙江省新兴金融中心及钱塘江金融港湾相关规划部署，高标准推进金融配套基础设施建设。杭州金融城、西溪总部经济园、PingPong金融科技产品产业化基地、恒生金融云产品生产基地、阿里巴巴浙江云计算数据中心等重点金融基础设施建设项目进展顺利,金融科技产业载体空间布局不断优化。

2.金融科技创新机构不断集聚

中国银保监会下属协会设立的金融科技研究院顺利落户,引导"险资入浙"、促进银保融合,多措并举,为全市经济发展贡献保险力量,有效提升全市金融资本多样性。全球数字金融中心稳步运营,积极参与世界银行项目研究,开展各类数字金融专题研讨会,促进数字金融规范健康发展。浙大城市学院成立数字金融研究院,致力打造具有影响力的金融高端智库。

3.金融科技创新能力有效提升

坚持创新驱动,厚植杭州金融科技先发优势,着力激发市场主体创新动力,金融科技关键技术研发水平更进一步。恒生电子金融低延时分布式开发平台成功发布,并在多家金融机构的核心业务场景中落地应用。由中钞区块链技术研究院联合多家金融机构、科技公司研发的陆羽跨链协议正式发布,初步实现不同联盟链之间的互联互通,合作平台不断壮大。

(四)金融发展生态展现新气象

1.统筹谋划,引领金融产业稳步发展

紧紧围绕国家、省、市相关战略部署,牵头拟定《杭州市金融业发展"十四五"规划》,提出"将杭州建设成为全球领先的国际金融科技中心"的远景目标,高起点、高标准谋划我市金融产业发展工作。制定出台《2021年度推进杭州国际金融科技中心建设工作要点》,明确工作重心,建立年度重点项目(工作)清单,共梳理重点项目(工作)36个,以项目为牵引,统筹推进全年杭州国际金融科技中心建设工作。

2.聚焦服务,提升金融服务深度与广度

出台《关于金融支持服务实体经济高质量发展的若干措施》,深化金融供给侧结构性改革,增强金融服务实体经济能力。优化杭州金融综合服务平台建设,发布融资产品300余款,归集30个部门数据,打破数据壁垒,深挖信用价值。截至2021年底,平台注册企业超过15万家,累计撮合融资金额超过1700亿元,惠企利民成效显著。

3. 科技赋能,完善数字金融治理能力

强调科技赋能,支持监管科技创新发展,金融数字化监管手段持续强化。全球数字金融中心旗下驭鉴数科公司正式上线金融营销宣传检测系统,助力金融从业机构提升合规效率。央行浙江数字化平台建设逐步完善,进一步开发"流动性监测""金融统计分析""支付清算数据分析"等多主题应用,上线督查督办系统,完成大数据基础平台升级,数据采集流程不断优化,数据采集效率进一步提升。

4. 科学聚才,健全金融引才用才机制

完善金融人才工作的例会、议事和决策等机制,参与杭州高层次人才目录修订,简化钱塘金才政策实施流程,累计认定金融高层次人才282名,获取三项国际证书人才124名。构建人才引进、培养、服务、资金等"四位一体"补助体系,累计为691名人才提供四项政策服务。充分发挥金融人才作用,推广金融顾问制度,联系服务企业1500家次,为企业解决融资、经营、风控等问题753个,落实融资金额830亿元,助力17家企业成功上市。

二、下一步工作思路

下一步,市地方金融监管局将持续坚持稳中求进总基调,围绕钱塘江金融港湾、浙江省新兴金融中心等战略部署,扎实推进杭州国际金融科技中心建设工作,进一步增强杭州金融业服务实体经济能力,为稳住经济基本盘注入金融"活水",全力支持杭州建设社会主义现代化国际大都市。

(一)进一步深化区域金融改革创新

建立健全数字人民币试点工作机制,突出杭州特色,围绕公众高频支付场景,着力提升杭州市城市侧、政府侧数字人民币受理环境,为数字人民币全国落地推广提供"杭州场景"。支持浙江省股交中心以杭州为总部,加快开展区域性股权市场浙江创新试点。积极推动国家级科创金融改革试验区尽快获批,加快构建广渠道、多层次、全覆盖、可持续的科创金融服务体系。全面实施金融科技创新监管工具,适时有序组织已入盒测试的创新应用完成测试,打造杭州金融科技创新监管工具实施闭环。

(二)进一步推动金融科技产业发展

坚持招强育强,着力招引绿地数科等新一批金融创新业态落户杭州并稳步运营,推动连通公司增资扩股,支持浙商银行等在杭发起设立理财子公司,鼓励连连支付、乒乓智能等机构规范发展,夯实杭州市跨境支付发展优势,进一步优化金融产业结构,打造金融科技产业集聚高地。完善以企业为主体的金融科技创新体系,支持持牌金融机构、科技企业发挥科技创新优势,从实际金融需求出发,深化金融科技核心技术研发与应用,加快推动在杭金融机构数字化转型。

(三)进一步增强金融服务实体经济能力

出台《关于推进全市融资担保行业持续健康发展的实施意见》《关于贯彻落实〈浙江省人民政府办公厅关于金融支持激发市场主体活力的意见〉的若干措施》等政策,健全金融支持政策体系。深入实施"凤凰行动"计划,进一步加大后备上市企业规范培育力度,健全企业上市"一件事"协调服务机制,畅通资本市场利用渠道。拓展杭州金融综合服务平台功能,加大对中小微企业的融资支持,推出股权融资、小贷融资等新板块、新服务,提升金融综合服务水平。

(四)进一步营造金融发展良好环境

参与金融科技人才职业能力评价互认合作城市试点,出台《杭州国际金融科技中心人才发展计划(2022—2025年)》,做好杭州市建设国际金融科技人才高地课题研究,涵养金融科技人才蓄水池。充分发挥之江实验室、浙大城市学院数字金融研究院等在杭高能级研究平台优势,围绕金融创新发展,浓厚金融创新发展氛围,打造金融科技产学研生态圈。推进杭州银保监办实体化运作,建立健全服务实体经济、防范化解地方金融风险等方面的协同工作机制,持续推进私募基金风险防范处置,做好网贷风险后续处置工作,维护地方金融健康稳定运行。

2021年钱塘江金融港湾核心区（上城）建设发展报告

杭州市上城区金融办

2021年12月31日，省地方金融监管局发布《钱塘江金融港湾发展实施计划（2021—2025年）》，其中钱塘江金融港湾核心区范围扩大，上城区西起玉皇山南基金小镇、望江新城，东至钱江新城一期和二期、江河汇全部纳入核心区，成为核心区面积最大的杭州市主城区。2021年，新上城区牢牢把握杭州市区划优化调整后全区金融业整体能级跃升的重大战略机遇，全力做好"平台聚力、发展共赢、风险防化"三大文章，主要工作如下。

一、2021年工作情况

（一）加快资源整合，做好"平台聚力"文章

区划优化调整后，新上城区同时坐拥杭州金融城与玉皇山南基金小镇两大金融产业平台，已成为全省金融机构区域总部、金融要素交易平台、金融专业服务机构、金融研究机构、金融监管部门最为集聚的区域，同时也是国际组织、企业总部、行业协会等集中的区域，是人才聚集、要素汇集、信息交集的金融集聚区，如何将这些资源整合利用，成为上城金融业必解之题。

1.组建金融联盟——创建全域化资源链接机制

2021年，区金融办积极谋划组建钱塘江金融港湾核心区（上城）发展联盟，简称"金融港湾联盟"。联盟按"1＋N＋X"模式组建，其中："1"即上城区委、区政府；"N"即若干省级金融行业协会，包括浙江省银行业协会、浙江省证券业协会、浙江省上市公司协会等10家；"X"即若干党建业务双强的

金融头部机构。通过与全省主要的金融行业协会和金融头部机构缔结党建联盟形式，以党建共建为引领，以发展共赢为切入口，以行业协会为纽带，以头部金融机构为支撑，推进组织共建、阵地共用、服务共享、活动共办、发展共赢、公益共促、品牌共育。

2.开展战略合作——打造省、市、区联动工作机制

区划调整后，省地方金融监管局、人行杭州中心支行、浙江银保监局、浙江证监局、市地方金融监管局等省、市级五家金融监管部门有四家在上城区辖区，这是不可复制、不可多得的优势资源。为争取省、市支持，区领导和区金融办先后一一上门走访对接，推动与监管部门达成战略合作，9月29日，新上城区与浙江银保监局完成战略合作签约；10月19日，与浙江证监局签约；12月2日，与人行杭州中心支行签约。合作内容涉及深化党建共建合作、建立交流共享机制、服务实体经济发展、强化金融监管协作、创新金融服务试点等方面开展全方面合作，助推形成省、市、区联动推进金融业发展的良好局面，为新上城区金融产业项目和人才的双招双引集聚发展、切实提升新上城区金融监管水平和金融风险防范能力打造了强有力的支撑体系。

3.加强规划引领——布局金融产业长效发展机制

2021年，新上城区"十四五"规划确定了以金融业为首的六大重点产业发展方向，明确了打造长三角南翼新金融创新中心的发展定位和金融业增加值指标等一系列目标任务，突出了金融业在全区的首位度产业地位。区金融办组织编写的《上城区"十四五"金融业发展规划》进一步明确了"两区两高地"发展定位，即建设长三角南翼金融总部高地、财富管理高地，打造全省领先、全国一流、具有国际影响力的科创金融先行区、产融结合示范区。同时，规划进一步锚定了"一带、一城、一镇、三圈"的空间局部战略，即：以钱塘江金融港湾核心区北岸发展带为指引，以杭州金融城、玉皇山南基金小镇为重点向全域辐射，聚合湖滨商业金融圈、望江高端服务业金融圈、钱塘智慧城科创金融圈力量，提出了对接国家、省、市重大战略、做强做大资管业务、加强数智赋能财富管理、深化对外开放水平、发展金融科技产业等一系列工作路径，为新上城"十四五"期间的金融业发展谋划了整体蓝图。

（二）立足首位产业，做好"发展共赢"文章

2021年，作为首位度产业，新上城区金融业发展取得新突破。全年全区实现金融业增加值584.9亿元，占全区生产总值的比重超过24%，全区已集聚持牌机构省级以上总部122家（含银行26家、证券31家、期货13家、保险45家、其他类7家），其中全国总部机构16家，省级总部机构106家。区金融办深耕沃土，抢抓机遇，充分释放金融作为产业链顶端和上游的虹吸裂变效应，全力助推企业上市，挖掘双招双引新动能。

1. 践行"凤凰行动"——助推多层次资本市场建设

2021年，新上城区新增上市企业11家，新增数量位居全省第一。区金融办报省政府办公厅企业上市专报获副省长批示："可喜可贺，再接再厉，用好优势，示范带动。"另有已过审企业1家（毛戈平）、已申报企业3家（群核信息、华塑科技、祥生物业）、已辅导企业5家（联合银行、双元股份、同富股份、高浪股份、绿康股份）。区金融办提高扶持力度、优化操作办法；组建上市服务专班，为重点拟上市企业开辟"绿色通道"，实行"一次性告知、一个窗口受理、一条龙服务"，全年累计帮助企业协调合规证明、股改税务、跨部门跨地区协调等上市相关事宜30余件次，为万事利、楷知科技等企业协调资金达14亿元，部分贷款发放审批周期仅半天，跑出了银企贷款"上城速度"。

2. 深耕人才生态——建设金融人才管理改革试验区

2021年，区金融办持续推进金融人才管理体制机制改革，不断完善金融人才"引育留用管"全链条服务，着力打造全市全省最优金融人才生态圈，取得阶段性成果。全年累计兑现2019年金融人才政策奖励合计501.5万元，推动新增杭州市高层次人才D类5人，另有3人正在申报过程中。同时，拟定《关于深化金融人才管理改革试验区建设实施意见》，将新上城区金融人才分为金融顶尖人才（A类）、金融领军人才（B类）、金融高级管理人才（C类）、金融青年人才（D类）四类，凸显高端金融人才吸引力度，完善主要领导抓金融人才工作机制、金融人才管理评价机制，建立金融企业"党建＋人才"工作机制，设立个人资助专项、资格认证专项、中介引才专项

以及其他服务保障,为金融人才提供更有力的政策支持。

3.深化金融改革——支持小镇升级与股交试点

2021年,区金融办联合玉皇山南基金小镇积极推出小镇2.0版本,拓展思路,将核心业态由私募向大资管升级;拓宽空间,将承载空间由小镇向大片区升级;拓展线上,将物理形态由实体向"数字孪生"升级;拓宽对象,将服务对象由高净值人群向助力共同富裕示范区建设升级;拓展方向,将发展方向由资本聚集向"资本向善"升级。同时,大力支持浙股集团区域性股权交易市场、区块链和科创助力板三大试点,以可转债产品为切入点创新融资模式,先后开发了招商可转债、产业基金对接可转债、双创可转债等产品应用场景,已帮助40余家企业获得融资49.1亿元;以股改挂牌为服务起点,建立了股改挂牌、规范培育、投资融资、上市并购等全方位的股权业务服务体系。

(三)维护金融环境,做好"风险防化"文章

1.构建整治私募投资基金风险"数智网"

根据国家、省、市私募投资基金排查整治工作统一部署,分类完成了673家私募企业及5277家关键词企业的风险摸底排查任务。基于已在使用的"金融产业动态管理平台",着手开发了私募排查模块子系统,从方便企业填报、街道审核、专班汇总分析的思路出发,集成填报、审核及汇总分析功能,完成企业排查档案、排查信息全程留痕、留档,建立了辖区内近6000家类金融企业信息库。同时依据风险排摸情况及省证监局建议,将104家风险私募机构纳入分类整治名单,其中已登记私募基金管理人79家,未登记但实际从事私募基金业务的企业25家。截至2021年12月底,已上报完成整治43家。

2.强化金融风险排查防控"防火墙"

优化制定新的金融联审实施细则,进一步规范投资类企业的审核机制,从源头上严把互联网金融整治结束后金融风险的输入关。自区划调整以来,共召开联审会议6次,同意新设企业128家、迁入企业27家、重大事项变更企业45家;办理特殊事项变更企业245家。持续跟进立案网贷平台进展,加快资产催收处置。注册地在新上城区的 105 家网贷平台及分支机构已全部清理关停(销号 40 家、立案 65 家)。头部平台微贷网整体处置取得阶段性成效,提前实现净本金 100％覆盖兑付(涉及金额 48.94 亿元),保证了金融风险平稳可控、网上舆情平稳下降,保障了建党百年大庆期间辖区社会面大局稳定。

3.稳固地方金融日常监管"压舱石"

根据上级监管部门委托,做好辖区内地方金融组织有关变更事项的审批或备案工作及融资担保、小贷公司、典当公司、融资组织及其他监管相关工作。2021 年以来,共计提供审批、备案或咨询有关服务事项 53 次。此外,积极化解辖区金融信访风险,全年协同相关部门累计接待现场来访群众 63 批次 413 人次,优化信访处置工作流程,落实专人回复各类信访投诉案件,全年累计办理信访件 281 件,其中 194 件与网贷平台相关,完成省委巡视组交办件 27 件、省纪委交办件 1 件、市地方金融监管局交办件 1 件,协同相关部门搭建沟通协商平台 20 余次。

二、2022 年工作思路

2022 年,新上城区立足新起点新征程,按照稳中求进工作总基调,树立"窗口意识"、发挥"头雁作用",扎实推进钱塘江金融港湾核心区建设。

(一)做深金融发展联盟

以省、市级金融监管部门为指导单位,以党建共建为引领,以省级金融行业协会为纽带,以金融产业链头部机构为支撑,按照"1＋N＋X"模式打造钱塘江金融港湾核心区(上城)发展联盟,赋能全区产业升级、项目招引、人才引育、科技创新和区域经济转型发展。梳理联盟 2022 年 20 项重点工作,包括四次季度主题党日活动、四次季度行业例会、四次项目对接会(浙江上市公司上城行暨上城区投资环境推介会,银行资管子公司、消费金融公司、金融科技公司、金融租赁公司等项目对接会,大宗商品金融服务创新总部基地项目对接会,股权投资机构暨被投企业落户签约活动)、三大论坛活动(全球私募基金西湖峰会、中国大宗商品金融服务创新峰会、浙江"凤凰行动"论坛)、两次国内外金融中心城市互动交流,以及运营"一刊一网一指数"(运营一家公众号用于反映联盟工作动态,运营一份电子刊物,发布一项年度金融指数)。

(二)做强多层次资本市场

当前,新上城区共有上市企业 36 家,位居全市第二位(仅次于滨江区)。全区将延续企业上市良好势头,围绕到 2025 年实现上市企业 50 家目标,一方面服务好上市公司,另一方面做好上市企业后备梯队接力,完善上市服务专班,为重点拟上市企业开辟"绿色通道",实行"一次性告知、一个窗口受理、一条龙服务",积极协调合规、股改等上市相关事宜,以为企服务的"上城态度"展现企业上市的"上城速度"。

(三)做大金融业税收贡献度

以杭州金融城和玉皇山南基金小镇为平台,持续做好对重大产业项目、重点税源性企业的招引工作,加快出台产业扶持政策。以《杭州市人民政府关于优化完善市区财政体制的通知》(杭政函〔2021〕24 号)中关于杭州市新引进金融机构的财政分成政策,重点推进持牌金融机构及国际国内知名投资机构落户上城。力争在"十四五"期末,实现以税收为基准的产业首位度。

(四)做精招商引资工作

在 2021 年与浙江银保监局、浙江证监局、人行杭州中心支行签订战略合作协议的基础上,以项目化形式推动合作成果落地,在建立交流共享机制、服务实体经济发展、强化金融监管协作、创新金融服务试点等方面开展全方位合作,助力新上城区招商引资、安商稳商。以建设数智金融系统平台为抓手,梳理新上城区私募基金管理公司在外地设立的合伙企业,助力精准招引企业。稳妥推进金融创新,积极推荐安丰创投等优质私募机构申报 QFLP 管理人资质,积极推动杭州市 QDLP 试点尽早落地。

（五）做优人才生态最优区

以《关于深化金融人才管理改革试验区建设的实施意见》出台为契机，扎实做好金融人才"引育留用管"全流程服务；持续加大人才招引力度，力争用 3 年左右时间，集聚高层次金融人才 1000 人以上，培养造就集聚一支高端金融人才队伍，打造全省最优金融人才生态圈；进一步深化金融人才体制机制改革，争取创建省级金融人才管理改革试验区。

（六）做细金融风险防范攻坚战

持续做好审批备案咨询服务、融资担保、小贷公司、典当公司监管等地方金融组织监管工作，做好网贷风险处置、金融联审、线索核查、处非条例落实和处非机制完善、防范非法集资宣传、出险平台风险处置、信访接待答复工作。加大存量问题私募机构的整治清仓力度，完善私募综合监测监控体系，将私募基金的"募投管退"各业务环节纳入工作视线，推动建立全面、动态、穿透的风险控制体系。以数字化改革为引领，优化数智金融系统平台，提升金融风险防控数智化水平。

2021年钱塘江金融港湾核心区（萧山）建设发展报告

杭州市萧山区金融办

根据《钱塘江金融港湾发展实施计划（2021—2025年）》，钱塘江金融城规划面积为3平方公里，位于钱江世纪城沿江区块，四至范围为：东北至杭甬高速，西北至钱塘江滨，西南至七甲闸利民河，东南至奔竞大道。2021年萧山区金融业发展"十四五"规划提出，打造"一城一镇多点"格局，建设以钱塘江金融城为核心的浙江新金融高地，优先支持龙头型、有较大行业和区域影响力的金融企业总部建设，重点打造金融科技先导区、金融（上市）企业总部基地和产业金融示范区三大功能业态，不断提升金融港湾核心区的集聚水平。

一、2021年发展情况

（一）筑巢引凤绘金融蓝图

钱塘江金融城作为杭州市"金"字产业重点发展平台，持续优化金融基础设施建设，持续拓展集聚载体空间布局，新打造浙江省交通投资集团金融中心总部，支持建设浙商产融总部大楼、浙商银行总部大楼、浙商金控金融中心和泰隆银行杭州分行等在建类重点企业项目，新入驻江苏银行杭州分行、中国银行杭州分行。截至2021年12月，已实现各类金融投资类公司（银行期货除外）税收3.3亿元，域内现存金融投资类公司200余家，包括浙商银行总部、信达期货、盛达期货、国信证券浙江分公司、传化集团财务有限公司、传化保险经纪、江苏银行杭州分行等 7 家省级金融机构和金融持牌机构。

(二)纲举目张促产融协同

钱塘江金融城以金融服务实体经济高质量发展为导向,坚持项目牵动,注重招大引强,分类别多层次招商。钱塘江金融城对标上海陆家嘴金融中心、钱江新城,错位发展,重点吸引非银金融机构、金融科技企业、私募投资机构,构建起产业金融协同发展的新金融生态圈。2021 年杭州全球青年人才中心落地钱塘江金融城,钱塘湾未来总部基地论坛成功举办,提升整体产学研氛围。同时,发挥基金反哺产业的作用,新揭牌蚂蚁集团蚂上创业营,助力形成资本链带动创新链、创新链带动产业链的发展格局。政银企共建暨促进经济高质量发展大会召开,钱塘江金融城成为科技企业、金融资本的汇聚地。

(三)防范金融风险优化营商环境

稳妥处理促发展与防风险的关系,营造钱塘江金融城风清气正的营商环境。落实好《防范和处置非法集资条例》和《浙江省地方金融条例》,实施金融投资类风险核查制度,成立金融纠纷人民调解委员会。通过加强地方金融组织监管,开展金融城范围内虚拟注册企业和私募基金领域风险排查,早发现早处理潜在金融风险,不定期组织开展扫楼行动,始终严格把牢金融风险增量关口,切实守住金融风险底线。加强监管科技在金融风险防范领域的运用,建立推进金融风险"天罗地网"监测防控系统,为经济社会发展创造稳定有序的良好环境。

二、2022 年工作计划

下一步大力布局总部金融、科技金融和产业金融,持续招大引强、招强引优,全力打造具有强大资本吸纳能力、人才聚集能力、创新转化能力、服务辐射能力的财富管理和新金融创新中心。

(一)加大招商力度,服务好重大项目

依托现有平台抓手,引进重点金融类企业落户钱塘江金融城,特别是加大持牌金融机构的招商力度,布局总部金融。

(二)持续有力防范金融企业风险

继续强化钱塘江金融城金融类企业防风险政策执行,落实属地责任,密切关注各类可能涉众型投资利益全体人员的动态,防范极端事件发生。强化协作配合,与区级有关单位一起构建协调齐抓共管的工作局面。

(三)发挥产业基金引导作用

充分发挥产业基金的引导作用和放大效应,吸引社会资金投入政府支持的领域和产业,推动 5G 产业基金、蚂蚁生态基金、中小企业发展基金普华(杭州)创业投资合伙企业与优质项目对接,加速重大项目的落地。

2021年玉皇山南基金小镇建设发展报告

杭州市玉皇山南基金小镇管委会

2021年以来,玉皇山南基金小镇聚焦新上城"一区四中心"战略定位,全面推进小镇2.0版迭代升级,工作情况总结如下。

一、2021年工作情况

截至2021年末,小镇累计入驻金融机构2344家,总资产管理规模11655亿元,实现税收31.76亿元,同比增长32.9%,获评"最美小镇""最受欢迎基金小镇""中国最具特色基金小镇"。

(一)党建领航开启新篇

高质量推动党史学习教育,组织庆祝建党100周年系列活动、主题党日活动等20余场。小镇管委会联合党委获评杭州市先进基层党组织,小镇党群人才服务中心被列入全市党员干部培训教育基地。做实党建联盟,完成小镇两新党组织整建制转移,构建联合党委"一核引领",下属35个党组织、337名党员的党建联盟体系,实现党组织和工作全域双覆盖。做强党群服务,完成新党群人才服务中心提升改造,新增容纳150人的项目路演空间、24小时政务服务空间、"尚小驿"服务阵地等。完成红色代办超过600人次,与挂包社区开展共建活动5次,帮助社区解决运动场地陈旧等基础性问题5个。整合资源推动建立基金小镇产业团工委。做优党建2.0版,召开小镇产业党建联盟推进会,成立工作指导队。搭建基金小镇校企人才招聘平台,组织浙江大学春季专列专场校招,推出岗位65个。推动自持物业人才专项用房项目,梳理30套试点房源完成设计方案。打造"清廉山南"示范点,完成总体设计,细化落实"山南清风书房"、清廉小径、一企一廉、众廉荷池、清廉小筑等展示线。

(二)产业发展提质增效

2021 年新引进企业 169 家,其中联审新注册(迁入)企业 139 家,入驻办公 30 家。招强引优,落地浙能股权投资基金、浙能科创基金、软银康健基金、国融证券浙江分公司、海湃创新产业基地暨上城区双创综合体、亿利达、益祥明如、云和泰丰等优质项目。启动尼龙山项目预热招商,储备晓池基金、正仁量化、来兴投资等 6 家意向客户。服务实体,目前小镇投资机构在投实体企业 7770 家,其中浙江省 2172 家,2021 年新增投向实体经济项目共 1768 个,成功扶持培育 45 家公司上市,累计扶持上市企业 199 家。近年来,小镇加大对浙江山区 26 县的投资力度,其中 18 县都有小镇的投资项目,总数 74 个。合规防控,制定《杭州市玉皇山南基金小镇招商引资物业管理办法》,规范招商租赁流程。联合金融办、市场监管、公安、街道等形成联审体系,合力构筑事前事中事后风控防线。完成私募机构风险排查,借助大数据形成企业投资、税收报告,对税收曲线变动较大的企业强化分析研判。

(三)建设工程有力推进

启动编制小镇 2.0 版规划,进一步推动产业空间提质扩容。拓展空间,启动尼龙山地块提升改造工程,完成前期工作进入招投标程序,着力打造小镇三期高标准开山之作。推进地块做地出让,飞云江路地铁上盖物业地块完成出让,三角地仓库地块完成出让前准备,六和源南侧地块完成控规调整选址方案。服务民生,完工复兴路提升改造工程,成为首批精彩亮相的"迎亚运"道路,获各大官媒报道。响应"民呼我为",完成飞云江路道路整治工程并移交,完成深交所杭州基地地面修复工程等为企服务零星项目 8 个。有机更新,樱桃山地块整治项目开工建设,进一步提升小镇环境,打造二期高品质收官之作。与玉皇村协商推进旅游品市场提升改造,完成概念方案设计。安全生产,坚守底线,完善制定《基金小镇火灾事故应急预案》《防汛抗台、防雪抗冻应急管理预案》,有效处置各类风险 265 项,开展安全巡查检查 2350 次,整改小微安全隐患 171 处,举办企业应急培训 7 场。

(四)特色品牌争先创优

以数字化改革为龙头,率先推动数智金融平台打造,持续升级小镇特色品牌内涵。打造全省试点,抢抓中国证监会批复的区域性股权市场浙江创新试点机遇,联合省股权交易中心出资打造创投股权与私募基金份额报价转让平台,成为报价转让平台类别全省唯一试点地,目前已完成开发,进入试运行。创成国家级荣誉,基金小镇省政协委员会客厅获评"全国杰出委员工作室(站)",基金小镇财通证券投资者教育基地被命名"全国证券期货投资者教育基地"。深耕品牌内涵,成功举办"打造基金小镇 2.0 版,擦亮钱塘江金融港湾核心区'金名片'"协商峰会。开展"山南论剑、论法、论道"系列活动 24 场,参会企业达 800 余家。开办大商所中高级管理人员产业培训班,举办"杭州—宁波项目投融资对接交流活动""财富管理助力共同富裕研讨会",形成《长三角主要城市聚力产业基金打造新兴产业的报告》等一系列智库成果。

二、2022 年工作思路

玉皇山南基金小镇作为新上城 19 公里黄金江岸线的起点,将主动把握新时代机遇,以打造"立足杭州、面向长三角、辐射全球"的创新金融要素集聚高地为新定位,进一步推动小镇 2.0 版迭代升级,重点做好"三篇新文章"。

(一)做好"提"的文章

提升产业能级,助力新上城"一区四中心"建设,积极推动在小镇打造浙江财富管理中心,招引集聚优质财富管理机构;打造创投股权中心,助推新业态发展和产业转型升级;打造大宗商品金融服务中心,推动期货等衍生品发挥服务实体经济的功能;打造金融风险防控中心,护航私募基金产业合规可持续发展;建立小镇发展母基金,为招强引优和扶持企业发展注入新动能。提速建设工程,加快推进尼龙山提升改造项目;推进樱桃山综合整治;深化复兴路景观提升和附属工程建设,高标准完成项目验收移交;推进三角地仓库地块挂牌出让及六和源地块控规调整。提质党建引领,积极融入钱塘江金融港湾核心区党建联盟,完善小镇党建联盟日常运转机制,建强产业党建联盟指导员队伍,争创全市党建联盟试点,积极打造"青年之家"和"爱心驿家",深化具有小镇特色的"亲清"文化,争取各级试点荣誉。

(二)做好"优"的文章

优品牌,深耕"全球私募基金西湖峰会""玉皇山南金融学院"等品牌,持续擦亮小镇品牌"金名片"。优活动,持续开展"金融小镇浙江行、全国行""山南"系列活动资本对接活动,精准调研企业需求,积极拓展活动新领域。优生态,完善"募投管退"的产业生态链,进一步发挥深交所浙江基地、长三角资本研究院、省股权投资协会等资源优势作用,积极升级打造小镇合规服务综合体。优服务,做优党群服务,精细物业管理,提升园区品质,试行小镇微公交路线,打通为企为民服务"最后一公里"。

(三)做好"合"的文章

加强与钱塘江金融港湾核心区域的融合,以小镇 2.0 版规划为契机,深度融入钱塘江金融港湾核心区,推进与杭州金融城缔结"金""玉"良缘,通过钱塘江金融港湾核心区(杭州金融城)区域化党建共建联盟等载体,密切互动合作,实现功能互补、优势叠加、强强联合,推动区域经济新发展。加强与新上城各街道平台的联合,深入与新上城 14 个街道,尤其是原江干街道以及钱塘智慧城等平台的联动,推动建立涵盖信息资源互通、人员交流挂职、招商资源共享等内容的基金小镇(平台)—街道交流合作机制以及合作招商模式。

2021 年西湖蚂蚁小镇建设发展报告

杭州市西溪谷建设发展管委会

近五年来,西湖蚂蚁小镇积极贯彻落实中央和省、市、区委重大战略部署,主动对标西湖区"中兴"主战场、经济发展重要平台的使命担当,全面推进小镇区域经济和社会发展迈上新台阶。2021 年 1—12 月,小镇财政总收入 120.38 亿元,同比增幅 19.32%;一般公共预算收入 56.45 亿元,同比增幅 17.31%。

一、2021 年工作推进情况

(一)聚焦优化区域发展格局,强园建设持续推进

西溪谷管委会以小镇现有 3.1 平方公里为主战场,围绕征迁做地、重点项目建设,盘活土地资源,拓展楼宇空间,为产业发展、招大引强提供有力保障。高效率完成省交投地块 62.75 亩土地收购,配合属地街道做好西溪路 505 号、509 号、517 号、521 号国有居民住宅收购签约及安置房源协调保障工作,积极推进浙创路(紫金港路—溪岳路)道路建设所涉及的征迁工作,完成西湖风景名胜区管委会、华泰实业公司所涉及的土地收购工作。顺利完成爱知车辆厂 1 宗土地收储并即将挂牌出让,加快推进航天通信、青春宝 2 宗土地的做地工作。全力保障"152"项目建设,西溪金融总部经济园(一期)、西溪金融总部经济园(二期)等重点项目有序推进。截至 2021 年 12 月,小镇完成固定资产投资 8.68 亿元。

（二）聚焦增强高质量发展动能，产业活力持续提升

管委会以小镇创建、高校经济、蚂蚁经济、特色园区为抓手，精准锁定产业链条，加速优质项目集聚，打开了政府、企业共赢新局面。西湖蚂蚁小镇顺利通过省级特色小镇命名验收，并在 2020 年度创建类特色小镇考核中获优秀成绩，切实发挥了"小区域大集聚、小载体大创新、小平台大产业、小空间大贡献"的支撑作用。围绕"六张清单"，深入挖掘招商资源，赴北京、南京等地开展上门招商，积极招引优质项目，落地重点项目 12 个，其中亿元以上项目 4 个，区重点签约项目 6 个，外资到位资金 1000 万美元。依托浙江大学科技园、浙商回归产业园、浙江大学—蚂蚁集团金融科技研究中心三大载体，加速高校经济发展，落地高校经济项目 12 个，"西湖英才"申报项目 10 个，落地 2 个，完成产学研项目 8 个（揭榜挂帅 3 个），新增纯白矩阵国际生态中心、浙江大学 e-WORKS 创业实验室、包头稀土研究院合作分院特色平台 3 个。充分激发龙头企业、重点平台的辐射带动作用，倾力打造浙商回归产业园、蚂蚁链产业创新中心等平台，落地蚂蚁生态企业 6 家。

（三）聚焦创新为企服务机制，营商环境持续优化

管委会主动做好靠前服务，精准助力企业发展，扎实推进安商稳商、走楼访企工作，积极争取优质企业在西溪谷安心、快速发展。完善《西溪谷楼宇网格化管理实施细则》，加强对重点楼宇的网格化管理，并从中优选 21 家"双千"企业及 100 家西溪谷重点服务企业，开展"双千"服务专员与楼宇网格员相结合的服务机制，确保任务到点、责任到人。2021 年共走访企业 569 家次，帮助企业解决问题 35 个。围绕金融政税申报、国家高新技术企业及杭州市"雏鹰"计划企业项目申报、投融资对接等企业关切点，开展创享智谷品牌活动等各类服务活动 20 余场次，为区域企业提供便捷省时、贴心暖心的全方位服务。

（四）聚焦区域配套完善升级，区域魅力持续增加

管委会主动对标"高品位城市建设"要求，积极落实最美迎宾大道建设

行动,用心勾勒西溪谷历史文脉、科技创新与自然生态有机融合的优美画卷。全力推进支小路建设,竣工慧和路(一期)、双口井路、浙创路(紫荆花路—紫荆港路),启动建设浙创路(紫金港路—溪岳路)、站西路(西溪路—浙创路)。实施西溪路最美迎宾大道建设,完成隧道口提升改造、飞达巷综合整治、西溪路景观提升亮化工程,新建口袋公园1处,提升景观节点3处。积极破解西溪路交通难题,完成老东岳公交站东侧交通改造和西溪路安全隐患治理,沿线增设智能交通设备11处,有效保障行人车辆安全。启动科技广场立项工作,打造集园艺绿化、景观展示、数字赋能等功能于一体的城市阳台,实现西溪谷核心区域天目山路与西溪路,蚂蚁Z空间与西溪新座、浙江大学科技园在视觉和空间上的有效联通。

二、2022年工作思路

接下来,管委会将全面贯彻落实"产业立区""科创强区"等决策部署,以争创"全国金融科技第一镇"为奋斗目标,加强同浙江省数智金融先行省、钱塘江金融港湾、城西科创大走廊等省市级重大战略规划的联动协同发展,通过强园扩园、产业链强链、配套品质升级、红色根脉强基等行动,推动西溪谷功能更优、产业更强、形态更美、保障更强。

(一)实施西溪谷强园行动,着力优化"中兴"主平台格局

管委会将围绕征迁做地、重点项目建设,进一步盘活资源、拓展空间,为产业发展、招大引强提供有力保障。一是加快征迁做地,力争完成爱知车辆厂、航天通信2宗39.57亩土地的挂牌出让,加快推进青春宝地块、省交投地块搬迁,有序开展老留下医院,西溪路505号、509号地块等6宗237亩做地工作。二是加快重点项目建设,全力保障青春宝总部、西溪金融总部经济园2个"152"项目建设,有序推进各重点项目,全力构筑多业态、多层次、集聚化的产业布局。

(二)实施产业链强链行动,着力培育特色鲜明的产业集群

紧扣金融科技产业特色优势,充分激发龙头企业、重点平台、名校名所

的辐射作用与资源优势,做大做强特色产业集群。一是打造特色平台,倾力打造"一园两中心",实现浙商回归产业园、蚂蚁链产业创新中心建设投用,加快推进纯白矩阵国际生态中心打造,加速培育西溪谷产业发展新的增长极。二是持续招优引强,依托"六张清单",深入挖掘招商资源,激发龙头企业参与区域发展的热情,积极争取更多优质项目落地。三是激发双创活力,以打造国际化金融科技研发和应用创新高地为目标,加强同重点高校、知名院所、优质企业的深入合作,共同建设国际化金融科技研发中心、孵化器和众创平台,不断发挥金融科技助推科创实力提升的积极作用。四是打造服务联盟,加快组建西溪谷金融科技与数字经济产业联盟、西溪谷重点楼宇联盟,进一步优化区域科创资源配置,增强区域资源共建、共享、共赢,为区域高质量发展蓄力赋能。

(三)实施配套升级行动,着力展现别具韵味的西湖魅力

一是不断优化支小路网,持续推进浙创路、站西路、华泰路、报先路等道路建设,不断畅通小镇交通微循环。二是不断提升配套品质,高品质推进科技广场建设,展现西溪谷科技创新与自然生态协调发展的优美画卷。积极做好南都房产、西溪金融总部园、赛丽地产等社会投资项目周边的配套建设,更好地提升区域公共配套品质,营造良好的招商环境。

(四)实施红色根脉强基行动,着力打造富有战斗力的基层堡垒

坚定不移、全面贯彻新时代党的建设总要求,充分发挥党建聚人、聚心、聚气、聚力作用,为区域建设发展提供坚实保障。一是强根本,持续推进机关党建、"两新"党建规范提升,不断优化"两新"党支部书记队伍建设,有序推进小镇党委换届选举,更好地发挥基层党组织功能。二是聚思想,扎实推进党史学习教育走深走实,不断强化思想武装,持续加强正面宣传。三是创品牌,积极培育具有西溪谷特色的党建品牌,发挥党建引领搭建平台、服务企业的作用,为区域经济发展增添红色动能。

2021年运河财富小镇建设发展报告

杭州市运河财富小镇管委会

2021年,运河财富小镇管委会按照省级特色小镇创建要求以及区委、区政府关于产业平台打造工作要求,围绕浙江省特色小镇建设的各项工作部署,坚持金融服务实体经济发展理念,全面推进小镇产业集聚。小镇建设情况总结如下。

一、2021年工作情况

2021年1—12月,小镇新招引金融机构7家,累计集聚金融机构392家;完成固定资产投资3.7亿元,特色产业投资占比与非政府投资占比均为100%。2021年1—12月,小镇总税收8.8亿元,其中金融产业税收1.7亿元。

(一)拓展小镇产业版图,集聚运河金融带发展

2021年以来,小镇把握区划调整契机,组织管委会人员分组走访新拱墅范围内31座商务楼宇和区外市外多座金融机构集聚的楼宇,了解沿运河商务楼宇金融企业情况以及尚未入驻杭州的市外省外国际国内知名金融企业总部情况,为沿运河金融产业合作招商发展打下基础。目前,小镇大力开展金融服务业机构的招商工作,已完成标杆企业金杜律所的引进落户工作。有其他在谈国际国内金融机构和金融服务业机构13家,涉及外资保险、外资银行等。2021年8月,通过举办首届"长三角外资金融机构在浙发展机遇"高峰论坛等专业活动,邀请30多家国际金融和金融服务业机构总部代表来小镇参观考察,机构对于拱墅区和运河财富小镇的发展环境

给予了较高的评价,后续小镇将切实做好这些机构项目引进落地推动工作。

(二)探索数字化改革,提升重点楼宇管理质效

2021年以来,小镇重点推进远洋国际中心、绿地中央广场等重点楼宇数字管理改革,启用楼宇智慧化管理模块,投用"金牌管家"数字楼宇管理系统,通过与核心区重点楼宇物业合作,提升招商信息获取能力和数据统计质效。

(三)推进重点平台产业新动能

小镇重点金融平台项目英蓝杭州中心已完成竣工验收。英蓝项目位于运河财富小镇核心区,项目总建筑面积约为224199平方米,与地铁3号线香积寺站无缝接驳。项目融合建筑、艺术和金融,为客户提供高品质的建筑空间和使用功能,专注高端金融综合体建筑的规划、投资、建设、招商、服务、管理和运营,是小镇打造国际金融和金融服务业高地的重要平台。

(四)坚持优化营商环境,提升小镇企业服务水平

2021年以来,小镇积极吸纳镇内金融机构以及商业商务机构加入金融财富联盟,联盟扩容增员工作基本完成,联盟成员单位已扩容至108家,涵盖传统金融、类金融、商务商业等多个领域企业,为小镇企业服务优化平台基础。同时,小镇也联合其他部门和有关专业协会,举办"凤凰行动"科技金融服务——"创联汇"项目路演等活动,发挥金融小镇服务实体经济效能,扩大小镇影响力。

二、2022年工作思路

2022年,小镇将在落实浙江省《关于加快推进特色小镇2.0建设的指导意见》的工作要求基础上,贯彻落实区委、区政府关于拱墅区"十四五"产业发展规划工作要求,作为"1+3+N"产业主赛道商贸金融重点产业发展区域,区金融产业"一区、一镇、多点"联动发展规划的核心区域,全面推动

小镇 2.0 版升级实施建设。主要从以下五个方面着力。

(一)明确金融特色方向,集聚发展动能

小镇将瞄准打造金融财富高地的总目标,深入贯彻《钱塘江金融港湾发展实施计划(2021—2025 年)》建设要求及《杭州市金融业发展"十四五"规划》,立足"CBD＋特色小镇"定位,巩固放大金融小镇品牌优势,打造成为国际大型财富管理机构集聚高地。一是抢抓中央外资金融开放机遇,开拓海内外市场。积极开展金融机构、金融服务业(律所、会计师事务所、税务师事务所、国内外咨询机构等)和其他中介组织招引落户。着力集聚国内外持牌金融机构区域总部,发展大型财富(资产)管理机构、大型公(私)募基金、上市公司投融资总部等。二是以新拱墅打造金融产业"一区、一镇、多点"联动协调发展格局为契机,针对小镇产业发展目标,制定区级产业政策,提升招商实效。三是积极发展金融服务业。金融服务业是金融生态链的重要组成部分,小镇全面推进知名律师事务所、会计师事务所、信用评级机构、咨询机构等各类金融服务机构的招引。在金融特色小镇内形成多点式的金融服务体系,搭建良好金融机构营商环境,助力金融特色产业发展。小镇将积极参与省发改委和省地方金融监管局组织的"金融特色小镇浙江行"主题活动,以"金融＋实体"模式,与县区产业平台、企业深度对接,充分发挥金融小镇在浙江省推进共同富裕示范区建设进程中畅通经济良性循环的优势,同时协同省律师协会等平台开展多角度专业活动。

(二)强化多元主体协同,提升机制活力

强化政府主体、平台主体、企业主体协同发力,优化提升小镇市场化招商运营水平。依托黑石基金、英蓝集团、远洋集团等投资建设运营在小镇的企业平台,充分统筹其金融机构运营商和服务商经验资源,助力小镇产业发展。借力仲量联行、戴德梁行等国际知名咨询机构,在上海、北京等一线城市策划组织招商推介活动,拓宽重点产业方向国内外招商资源。

(三)推动平台优势互联,着眼长远发展

通过中国商务区联盟,小镇将着力推进与北京金融街管委会、北京通州运河商务区的战略合作,落实在商务区规划发展、金融产业招引、金融科技研究、金融人才引进和培养、活动举办等方面的交流与合作,助力小镇高质量发展。同时紧密与省金控、省创投协会、省股权投资协会等伙伴的合作关系,发挥"产业基金服务基地"平台优势,推动省、市、区三级产业引导基金及优质金融机构落地。

(四)坚持金融活水灌溉,落实金融服务

组织小镇进入机构积极与实体经济企业深度对接,充分发挥金融小镇在浙江省推进共同富裕示范区建设进程中畅通经济良性循环的优势和作用。另外,管委会将协同小镇金融财富联盟、镇外在杭外资金融机构等,继续高标准举办形式多样的线上线下项目路演、金融政策解读、投教活动等,辐射省、市、区三级,提升小镇知名度和美誉度。

(五)严格管理,推进小镇队伍建设

一是做好党风廉政建设。坚持党风廉政建设和反腐败工作,打造一流铁军。二是提升制度执行力。牢固树立制度意识,切实加强制度建设,通过建立完善规章制度,进一步强化队伍管理。三是构建小镇队伍培训体系。策划参与国际会议活动、外出招商、企业交流、内部培训等,提升工作视野,优化工作实效。

机 构 篇

2021 年浙商银行运行报告

浙商银行股份有限公司

浙商银行是 12 家全国性股份制商业银行之一,于 2004 年 8 月 18 日正式开业,总部设在浙江杭州,系全国第 13 家"A＋H"上市银行。开业以来,浙商银行立足浙江,面向全国,稳健发展,已成为一家基础扎实、效益优良、风控完善的优质商业银行。截至 2021 年末,浙商银行在全国 21 个省(自治区、直辖市)及香港特别行政区设立了 288 家分支机构,实现了对长三角、环渤海、珠三角及海西地区和部分中西部地区的有效覆盖。

一、运行情况

截至 2021 年末,浙商银行资产总额 22867.23 亿元,比上年末增加 2384.98 亿元,增长 11.64％。其中:发放贷款和垫款总额 13472.39 亿元,比上年末增加 1495.41 亿元,增长 12.49％。负债总额 21198.40 亿元,比上年末增加 2041.58 亿元,增长 10.66％。其中:吸收存款 14157.05 亿元,比上年末增加 800.69 亿元,增长 5.99％。

2021 年,浙商银行实现营业收入 544.71 亿元,比上年增加 67.68 亿元,增长 14.19％,其中:利息净收入 419.52 亿元,比上年增加 48.57 亿元,增长 13.09％;非利息净收入 125.19 亿元,比上年增加 19.11 亿元,增长 18.01％。归属于本行股东的净利润 126.48 亿元,比上年增加 3.39 亿元,增长 2.75％。

2021 年,浙商银行不良贷款率为 1.53％,拨备覆盖率为 174.61％,贷款拨备率为 2.68％。

二、特色业务

(一)赋能产业链供应链的链式金融特色

浙商银行持续深化供应链金融,助力差异化发展。积极运用金融科技手段,开展数字供应链融资业务,通过控制订单流、物流、资金流、数据流,以数据驱动方式并结合供应链商业运作和交易结算特点,为供应链客户提供各类表内外融资业务。截至 2021 年末,服务近 400 个数字供应链项目,2021 年全年投放金额超过 400 亿元,服务上下游客户超过 7600 家,其中普惠小微企业占比超过 75%,有效帮助上下游中小微企业缓解融资难、融资贵、融资慢的问题。

(二)专业专注的普惠小微特色

小微金融服务是浙商银行的一张"金名片",在 2006 年 6 月设立了国内首家小微专营机构以后,小企业业务探索出了一条规模、质量、效益、特色相对均衡的商业可持续发展道路。2021 年,浙商银行共有小企业专营机构 198 家,普惠型小微企业贷款余额 2365.53 亿元,较年初新增 344.71 亿元,增速 17.06%,快于境内机构各项贷款增速 4.63 个百分点;普惠型小微企业贷款客户数 10.58 万户,圆满完成监管"两增"目标。新发放普惠型小微企业贷款利率持续下降,综合融资成本同比下降 23BPS(银保监会监管口径);普惠型小微企业贷款不良率 0.92%,资产质量持续保持优良。

(三)服务创新创业的人才银行和科创金融特色

2016 年,浙商银行创新打造了全国首个以高层次人才作为精准服务对象的金融服务品牌——"人才银行",在吸引高层次人才来浙创业创新、推动浙江省十大标志性产业链和三大科创高地建设方面取得了积极成效。"人才银行"服务获得 2020 年浙江金融服务十大案例的殊荣。截至 2021 年末,"人才银行"累计对接高层次人才 800 余户,其中服务授信客户 466 户,累计授信金额 137.26 亿元。服务的人才企业中,有 14 家已上市,另有 17 家被列入独角兽或准独角兽企业名单。

2021 年杭州银行运行报告

杭州银行股份有限公司

杭州银行成立于 1996 年 9 月，是一家总部位于杭州的城市商业银行。近年来，杭州银行坚持做精杭州、深耕浙江，同时积极拓展长三角区域及国内一线城市业务，搭建了覆盖北京、上海、深圳、南京、合肥等重点城市在内的区域经营布局。自成立以来，杭州银行始终坚持服务区域经济、中小企业和城乡居民的市场定位，致力于为客户提供专业、便捷、亲和及全面的金融服务。

一、转型发展激发活力，业务结构不断优化

杭州银行坚持"二二五五"战略引领，以服务实体经济、践行普惠金融为宗旨，持续推动业务转型和结构调整。截至 2021 年末，杭州银行资产总额 13905.65 亿元，较上年末增长 18.93％；贷款总额为 5885.63 亿元，较上年末增长 21.69％；贷款总额占资产总额比例为 42.33％，较上年末提高 0.97 个百分点；负债总额为 13004.94 亿元，较上年末增长 19.49％；存款总额为 8106.58 亿元，较上年末增长 16.14％，存款总额占负债总额比例为 62.33％。2021 年末，集团存续理财产品规模为 3067.21 亿元，较上年末增长 16.39％，净值型理财占比达到 100％，顺利完成资管新规过渡期整改要求。

二、重点业务稳中有进，经营效益不断提升

2021 年，杭州银行净利差、净息差分别为 1.86％和 1.83％。全年实现

营业收入 293.61 亿元,同比增长 18.36%;实现非利息净收入 83.25 亿元,同比增长 50.44%。非利息净收入占营业收入比重为 28.36%,较上年同期提高 6.05 个百分点,其中手续费及佣金净收入 36.08 亿元,同比增长 19.69%。实现归属于公司股东净利润 92.61 亿元,同比增长 29.77%;基本每股收益 1.43 元,较上年同期提高 22.22%。

三、风控管理能力强化,资产质量持续提高

2021 年,杭州银行风险管控能力进一步增强,资产质量持续优化。截至 2021 年末,杭州银行不良贷款总额为 50.41 亿元,较上年末下降 1.34 亿元;不良贷款率为 0.86%,较上年末下降 0.21 个百分点;逾期贷款与不良贷款比例为 71.80%,较上年末下降 6.36 个百分点;逾期 90 天以上贷款与不良贷款比例为 64.75%,较上年末提高 5.70 个百分点;2021 年末拨备覆盖率为 567.71%,较上年末提高 98.17 个百分点。

四、数智赋能提质增效,资本补充有序推进

2021 年,积极采取措施补充资本,完成 150 亿元可转债发行,可转债转股后将有效补充公司核心一级资本。截至 2021 年末,杭州银行资本充足率为 13.62%,一级资本充足率为 10.40%,核心一级资本充足率为 8.43%,分别较上年末下降 0.79 个、0.43 个和 0.10 个百分点。

五、服务实体初心不改,持续助力共同富裕

截至 2021 年末,杭州银行制造业贷款余额为 473.37 亿元,较上年末增长 109.33 亿元,增幅 30.03%;"两增两控"小微贷款余额为 917.07 亿元,较上年末增长 158.29 亿元,增幅 20.86%;"专精特新"企业客户超过 1000 户,科创企业客户中 95% 以上为民营企业,70% 以上为小微企业;绿色贷款余额为 419.32 亿元,较上年末增长 104.49 亿元,增幅 33.19%;涉农贷款余额为 739.30 亿元,较上年末增加 153.02 亿元,增幅 26.10%。

2021 年财通证券运行报告

财通证券股份有限公司

财通证券股份有限公司(以下简称财通证券)前身为 1993 年成立的浙江财政证券公司,是一家总部设在杭州的全国性综合类券商。作为浙江省属券商,近年来财通证券以深耕浙江、服务浙江为己任,以追求卓越、争创一流为目标,坚守金融服务实体本源,始终围绕客户需求,构建了跨证券、期货、基金、资管、股权投资以及境外金融等业务的全链条、综合化的服务体系,为浙江经济发展贡献积极力量。

一、总体经营情况

2021 年,面对错综复杂的内外部环境,财通证券始终坚持合规经营、稳健发展,大力优化战略布局,主动把握市场发展机遇,各主要业务实现高质量发展,经营业绩稳步提升。财富管理业务加快转型步伐,产品代销业绩实现跃升。全年公司累计实现金融产品销售量 744.39 亿元,同比增长 16.50%;金融产品年化保有量金额为 476.78 亿元,同比年增长 34.28%。投资银行业务以区域聚焦为主线、以综合金融服务为抓手,经营业绩稳中有升。股权融资方面,2021 年共完成 6 单 IPO 和再融资项目,融资规模 73.83 亿元(含可转债),实现业务净收入 27461 万元,同比增长 59.66%;债券及结构化融资业务方面,全年共完成 103 单债券项目的发行与销售工作,同比增长 32.05%,主承销金额 638.46 亿元,同比增长 11.67%。资产管理业务主动求变,实现高质量发展。2021 年,财通证券通过全资子公司财通证券资管开展资产管理业务,全年受托总资产管理规模达 2038 亿元,同比增长 33%,实现营业收入 14.99 亿元,同比增长 21.41%;实现净利润

4.56 亿元,同比增长 92.57%。投资板块迎难而上、顶住压力,收益良好,自营债券业务荣获中央国债登记结算有限责任公司 2020 年度"债券业务进步奖"。

二、杭州市域内证券业务开展情况

2021 年,财通证券在杭州市域内开展的主要证券业务分为零售业务和机构业务两大类型。零售业务方面,财通证券杭州分公司积极践行财富管理转型,以财富顾问、基金投顾和公司"财富赢家"品牌为抓手,为零售客户提供投资咨询服务和金融产品销售服务。截至 2021 年底,财通证券杭州分公司累计有效客户数 26.16 万户,其中高净值及私募客户数 8764 户,累计客户资产达 2166 亿元,累计销售权益类金融产品 61.86 亿元。2021 年,财通证券获批公募基金投资顾问业务试点资格,杭州分公司以"财管家"品牌为抓手全力开展公募基金投顾业务。此外,杭州分公司也为零售客户提供融资融券和股票质押等融资服务。

机构业务方面,财通证券通过投行股权和债权业务为杭州市域内企业等提供直接融资服务。2021 年,财通证券帮助省内永安期货、浙版传媒和浙江新能三家企业成功上市,募资总额达 56.30 亿元,全年共承销杭州市内债券 214.17 亿元。此外,财通证券围绕政府、国有企业、上市公司和中小微企业,通过梳理标准化服务清单,为机构提供投资和财富管理服务。一方面,通过财通资管具有明显竞争优势的类固收产品为企业提供现金流管理服务;另一方面,为一般法人企业提供稳定现金流产品、股票定增、公私募等二级市场投资品种来增值投顾服务。

与此同时,财通证券以数字化转型驱动新业务增长。2021 年杭州分公司实地走访多家上市公司,推广财通证券自研的金服宝·盘股 ESOP 系统,帮助上市公司为其股东提供股权激励等一系列综合金融服务。

2021 年永安期货运行报告

永安期货股份有限公司

永安期货股份有限公司(以下简称永安期货或公司)创办于 1992 年 9 月,2021 年 12 月 23 日在 A 股主板上市,是一家国有控股的专业期货公司,在全国设立了 44 家分支机构。公司以打造"大宗商品投行、大类资产配置专家、产融资源整合者"为战略目标,致力于成为行业领先、独具特色的"衍生品投行"。

一、业务经营情况

2021 年度,公司各项关键指标保持行业领先,实现营业收入 378.42 亿元,同比增长 48.58%,归属于母公司股东的净利润 13.07 亿元,稳居行业第一,加权平均净资产收益率达 15.48%。从业务类型看主要有以下五大特征。

一是期货经纪业务成交量和成交金额持续扩大。突出专业特色和研究能力,积极利用互联网提升服务能力,着力精细化管理、个性化服务。以双边计算,2021 年,公司境内期货代理交易成交手数 2.5 亿手,成交金额 18.55 万亿元;截至 2021 年末,客户权益为 433.72 亿元。

二是基金销售业务大幅增长。推出"鲲鹏私募成长计划",广泛挖掘优秀私募基金管理人,2021 年以来,参与该计划的客户数量接近 500 家。2021 年,公司基金销售规模超过 120.41 亿元,同比增长 74.68%,存续规模达到 246.54 亿元,基金销售业务收入达到 1.31 亿元,同比增长 99.38%。

三是资产管理业务经营稳健。严格遵循"资管新规"要求,依法开展资产管理业务,坚持投研赋能与主动管理,在深耕商品与金融衍生品市场的基础上,打造风险可控、盈利能力较强的资管产品,追求产品安全管理、风险可控、稳健盈利的资产管理目标。2021 年,公司资管产品规模为 32.25 亿元,资产管理业务全年收入为 1952.17 万元。

四是风险管理业务优势进一步巩固。2021 年,公司基差贸易业务销售规模达到 358 亿元,同比增长 55%;场外业务规模增长迅速,累计新增名义本金 1178.42 亿元,同比增长 105.79%,场外衍生品业务种类呈现多样化,权益类交易账户数量增长超过 5 倍;做市业务共涉及 9 个商品期权、19 个商品期货品种,同时积极开拓金融期货做市业务,开展了上证 50ETF、沪深 300ETF 的做市业务。

五是境外金融服务业务稳步向上。2021 年,公司经纪业务规模保持增长,累计成交期货期权合约 565 万手,同比增长 47.4%,客户权益达 3.71 亿美元,同比增长 19.4%;证券业务累计成交金额达 117.63 亿港元,同比增长 57.61%;财富管理业务日益成熟,共代销基金产品 10 个,新增基金销售 6960.5 万美元;拓展进口棉合作套保和橡胶代理采购等两项重点业务,开拓保税区玉米加工合作保值业务。

二、履行社会责任情况

服务实体经济高质量发展方面,形成纵深至产业链、横向至工程项目的大宗商品金融服务新格局,场外衍生品交易金额超过 1000 亿元;助力乡村振兴和共同富裕方面,通过公益捐赠、"保险＋期货"专业帮扶、产业帮扶及消费帮扶等多种方式巩固拓展脱贫攻坚成果,投入资金达 782.56 万元;股东和客户权益保护方面,实施持续、稳定的利润分配政策,认真履行信披义务,加强投资者关系维护;人才发展方面,不断完善薪酬和职业发展机制,积极开展员工培训和丰富多彩的文体活动,创新搭建各类平台,为行业培养和输送大量人才。

2021 年浙商保险运行报告

浙商财产保险股份有限公司

浙商财产保险股份有限公司(以下简称浙商保险)成立于 2009 年 6 月 25 日,总部设于杭州,注册资本 50 亿元,是一家全国性、综合性财产保险公司。浙商保险坚定差异化经营路径,确立"交通领域风险管理专家"发展定位,打造"全场景"产业链产品体系,推行"全生命周期"风险保障服务,致力在"大交通"赛道上跑出加速度,展现新风貌。

截至 2021 年底,浙商保险在北京、上海、广州、深圳、江苏、山东、四川等地已设立 16 家二级机构,共有各级分支机构 257 家,网点遍布中东部经济发达地区以及西部经济活跃地区。2021 年,浙商保险实现原保费收入 30 亿元,赔款支出 22 亿元,为社会提供风险保障 3.4 万亿元。

一、聚力交通保险,构建品牌特色

确立"交通保险"发展方向以来,浙商保险已先后护航 89 个省内外重大交通项目,为省内 80% 的高速公路运营提供财产保险保障,并挺进地铁、市际轨道等领域,累计保障超过万亿元。深入交通建设项目,加强前置风控,系统推进安全风险分析及防控策划,跟踪防御举措落实,提供推进智慧闪赔、可信理赔、限时理赔服务。先行在浙江试点"高速救援一体化"项目,为高速出行民众提供救援、维修、出行等"一体化服务",解决高速救援服务"最后一公里"难题,全力以赴保畅交通。迭代提质"道路客运、危险货物运输承运人责任险",务实扩面"农村公路保险",专业服务交通民生。

二、践行"双碳"目标,发展绿色保险

浙商保险在湖州试点绿色建筑性能责任保险,成功承保南太湖新区正黄•和锦府等项目;大力推进电梯安全责任全生命周期保险等创新产品,标的电梯投保后运行水平总体提升,维保费用较投保前同期减少30%;在湖州监管部门指导下,创新"零碳车险"模式,在湖州南太湖新区落地试点,截至2021年底,有1025名登记体验用户试点车辆行驶总里程减少112.52万公里,用户平均每人每天同比减少6.09公里,碳排放量平均降幅达到22.67%。

三、坚持保障本源,服务实体经济

2021年,浙商保险稳步发展非融资性保证保险帮助市场主体降本。通过与各地公共资源交易中心及第三方合作,推动投标保证保险业务稳步发展;启动农民工工资支付保证保险、建设工程履约保证保险、关税保证保险试点,全年通过保证保险助力省内市场主体释放约3.9亿元资金占用空间。结合浙江块状经济特点,研发特色产品支持中小微企业发展,为海宁经编业、金华五金业、诸暨袜业等特色中小微生产企业开发定制化的保险产品,保障金额169.19亿元。

四、改善科技服务,赋能经营管理

2021年,浙商保险自主开发税务管理平台,自研完成数据资产目录系统和数据标准化报送系统,推进数据中台建设。推出"浙里赔"在线视频查勘定损系统,业内首创"PC端+App端"双通道模式,支持后台集中处理和查勘员野外在线操作。通过微信小程序实现车险核心服务环节全部线上化,道路救援、代驾增值服务可视化。

2021 年杭州市金融投资集团运行报告

杭州市金融投资集团有限公司

杭州市金融投资集团有限公司(以下简称市金融投资集团)成立于 2012 年 2 月,由原杭州市投资控股有限公司和杭州市财开投资集团合并组建,注册资本 50 亿元。2021 年,市金融投资集团坚决贯彻中央和省委省政府、市委市政府各项决策部署,坚持党的全面领导,坚持"战略引领、稳中求进"总基调,坚持市场运作和服务大局相统一,统筹抓发展和防风险,各项工作都取得积极成效,收获"十四五"开门红。

一、经营业绩

2021 年全年实现营业收入 305.9 亿元,增长 16.5%;利润总额 27.8 亿元,增长 8.4%;净利润 22 亿元,增长 11.4%;期末资产总额 853 亿元,增长 18.6%;净资产总额 315 亿元,增长 20.5%,主要经营指标连续十年保持两位数增长。维持中诚信国内 AAA、惠誉国际 BBB+评级,展望稳定。

二、战略布局

坚持产融结合大方向,组建金投数科、金投云商、金投臻选,战略投资万通智控、嘉利股份,"金融产业+实体产业+数字产业"发展架构持续优化。截至 2021 年末,全资、控股金融和类金融企业 19 家,战略投资实体企业 21 家,控股创业板上市公司 1 家,全资、控股数字企业 10 家。

三、重点业务

全年实现投资总额 635.6 亿元,资产交易额 135.1 亿元,互联网支付交易额 176.4 亿元,转贷金额 36.5 亿元;期末信托规模 392.8 亿元,租赁余额 75.1 亿元,保理余额 1.8 亿元,担保余额 62.1 亿元,小贷余额 5.2 亿元。

四、政府工作

积极助力新制造业计划,出资 5 亿元战略入股零跑汽车,出资 1.4 亿元投资积海项目;纾困基金累计出资 105.3 亿元,帮扶企业 14 家,在投余额 61.3 亿元;母基金累计出资 39 亿元,实缴到位 200 亿元,投杭项目 105 个,金额 52.1 亿元,其中已培育上市企业 11 家;主动管理私募股权投资基金累计 9 只,"小苗计划"基金累计 4 只,合计规模 20.2 亿元,投杭项目 57 个,金额 6.7 亿元,其中直接培育上市 3 家。坚定服务数字化改革,累计发行市民卡 1370 万张,发行社保卡、健康卡、公交卡、文旅卡、人才码等电子卡(码)4298 万张;杭州城市大脑 App 上线移动可办事项 376 个,年服务 1.1 亿次;智慧医疗、舒心就医、互联网诊疗分别服务各级医疗机构 437 家、311 家、206 家;钱江分累计实现应用场景 41 个,注册用户 452.5 万;"杭州 e 融"平台累计注册企业 15.3 万家,撮合融资 1773 亿元。

五、经营管理

持续深化竞合发展、投资决策、模拟市场、绩效评价、激励约束等五大管理机制。出台集团国企改革三年行动和区域综改试验实施方案、任务清单,推进外部董事选聘、主业管理、低效无效资产清理、任期制契约化管理等各项工作。完成市委巡察整改回头看、国企领域突出问题八个专项治理及相关审计整改工作,查找漏洞、检视问题、优化管理。

六、管党治党

把党的政治建设摆在首位,深化"四责协同",实施"六大工程",完善党建工作规范化标准化建设。推动党史学习教育走深走实。持之以恒深化纪律作风建设,一体推进清廉金投建设。持续助力脱贫攻坚、春风行动等事业,全年捐赠 1020 万元。

2021年全球数字金融中心（杭州）运行报告

全球数字金融中心（杭州）

全球数字金融中心（杭州）（以下简称中心）由中国互联网金融协会和世界银行共同支持建设，于2019年10月29日在中国杭州钱塘江畔正式落地。中心以"增进行业共识，构建产业生态，推动数字金融安全规范发展"为宗旨，以"数字金融良好实践、标准、经验的传播运用"和"数字金融技术、产品、服务的研发供给"为依托，促进数字金融发展提质增效。

一、立足于中国实践，讲好中国数字金融发展案例

中心支持世界银行开展数字金融领域重点项目工作。参与世界银行数字金融创新对中小微企业影响研究项目，推荐浙江优秀的互联网企业作为案例，以"浙江样板"着重发掘中国探索利用数字金融创新改善中小微企业融资难题、提升金融服务效率的优秀案例。支持世界银行普惠金融全球倡议项目"中国数字ID与金融部门"课题调研。该课题总结了中国普惠金融发展和使用数字身份识别推动金融服务的实践经验，旨在为其他国家开展类似工作提供应用方法和实施策略指导。

二、创新开展高水准、多元化会议活动，进行全球范围内的知识共享

一是首创举办第一届"数字金融领域社会服务创新成果展"。来自监管部门、行业组织和研究机构的4位领导专家发表了精彩演讲，银行、科技企业、支付机构等17家从业机构的18个作品入选展示，充分呈现了数字金融发展带来的社会效益。二是陆续推出系列公益讲座两期。来自世界

银行、中国互联网金融协会的多位资深专家就数据规制、绿色金融、普惠金融等热点主题进行分享,吸引了来自国内外听众参会交流,逐步形成中心特色品牌活动。三是持续举办数字金融领域研讨会、座谈会和业务培训班。邀请国内外知名专家学者以及从业机构代表,围绕数字金融领域消费者权益保护、反洗钱、数据安全等重点热点问题,组织开展形式多样的高层次专题活动,多维度、多视角聚焦共话探讨数字金融领域发展路径。四是开展第二期课题研究征集活动。征集数字金融领域反洗钱与反恐怖融资相关实务、技术运用等方面相关课题,重点从课题的创新性、前沿性和实践性进行深入研究,为推动数字金融安全规范发展发挥积极作用。

三、自主研发监管科技产品落地见效,推动品牌筑造

数字金融领域监管科技产品研发为中心工作重心之一,现已有 5 项产品落地,均已获得国家软件专利。以数字金融产品创新评估环境(一期)为例,该产品在金融科技创新监管试点中得到运用,有效减轻人工审核压力,帮助金融部门研判潜在风险。此外,中心自主研发的代币融资交易平台监测系统、非法互联网外汇保证金监测系统等也已相继投入实际使用,对非法金融活动网站进行定制化、自动化监测,提升监测效率,支持相关部门、行业协会等开展风险监测、实时预警和业务分析。稳步推进非法金融 App 监测工具、金融广告监测工具等产品的设计研发工作,定向跟踪违法违规内容,为防范化解相关风险、维护金融消费者合法权益、营造清朗网络空间提供保障。

四、努力发挥"孵化器"和"加速器"作用,助力培育产业生态体系

中心积极培育发展科技公司,在承担研发技术实现和市场推广的同时,还对外提供自主设计的合规科技应用产品、反洗钱方面咨询培训等经营业务。首年即完成监管科技、合规科技和反洗钱三个领域产品与服务近 10 项,获得计算机软件著作权 5 项,呈现良好发展势头。

2021 年蚂蚁科技集团运行报告

蚂蚁科技集团股份有限公司

蚂蚁科技集团股份有限公司(以下简称蚂蚁集团)起步于 2004 年诞生的支付宝,经过 18 年的发展,已成为世界领先的互联网开放平台。蚂蚁集团通过科技创新,助力合作伙伴,为消费者和小微企业提供普惠、绿色、便捷、可持续的数字生活及数字金融服务。经多年稳健经营,集团旗下形成支付宝、余额宝、招财宝、蚂蚁聚宝、网商银行、芝麻信用、蚂蚁链等业务品牌。

一、数字互联

伴随数字时代的发展,支付宝已经从大众信赖的支付工具成长为服务商家、机构、服务商等合作伙伴的开放平台。蚂蚁集团的数字支付与商家服务支持国内商家与消费者在各类线上和线下支付场景下,以便捷安全的方式进行交易。

不同行业的合作伙伴通过支付宝为消费者提供安全便捷的消费支付体验,并在支付宝小程序、生活号、IoT(物联网)等阵地上,通过数字化运营方式,与客户进行沟通,为其提供丰富多样的商业和生活服务。目前已有超过 8000 万商家通过支付宝开放平台服务超过 10 亿消费者。

二、数字科技

蚂蚁集团持续推动数字科技的创新与应用,在区块链、隐私计算、安全科技、分布式数据库等领域,不断研发出蚂蚁链、OceanBase、Sofa、mPaaS 等领先的科技品牌及产品。

2017—2021年，蚂蚁集团与区块链相关的专利申请数连续5年蝉联全球第一，在超过50个区块链商业化应用和用户场景开了先河，包括供应链金融、跨境汇款、慈善捐赠和商品溯源等。蚂蚁集团自主研发的分布式数据库OceanBase于2019年打破了美国甲骨文公司保持9年的世界纪录，登顶"数据库领域的世界杯"TPC-C冠军，在全球范围内成为金融业下一代数据库技术的领先者。

三、数字金融

蚂蚁集团致力于让消费者和小微商家都能获得普惠的金融服务。目前，蚂蚁集团与全国超过2000家金融机构成为合作伙伴，通过云计算、AI、区块链等技术的运用，助力金融机构为用户提供小微信贷、消费金融、理财、保险、商业信用评估等数字金融服务，并推出了蚂蚁保、蚂蚁财富、芝麻信用等知名品牌。蚂蚁集团发起成立的网商银行，作为全国首批民营银行之一，专注于服务小微经营者。蚂蚁集团累计为5亿用户及超过4000万小微经营者提供数字金融服务。

四、数字跨境

蚂蚁集团在全球范围内与合作伙伴们分享技术，共同为用户提供移动支付和数字普惠金融服务。蚂蚁集团服务商家和消费者实现"全球收""全球付""全球汇"。通过创新的全球跨境支付解决方案，用前沿的移动支付技术构建跨境支付能力，助力全球商家一次性接入多种数字支付方式，和全球的消费者建立连接。同时也与全球科技公司、金融机构和商户广泛合作，在本地合规展业，在数字支付、数字营销、贸易金融、数字银行等领域分享技术和行业专长，助力当地商业数字化转型升级与普惠金融发展。

蚂蚁集团通过投资与技术分享，帮助各地区本土企业打造"支付宝"，数字跨境服务已延伸至印度、巴基斯坦、孟加拉国、泰国、菲律宾、马来西亚、印度尼西亚、韩国等国家和地区，并建设了超过9个本地钱包。今天，这些当地版"支付宝"几乎都已成长为当地最大的电子钱包，成为当地人首选和常用的数字支付方式，引领了亚洲的数字生活。

2021 年连连数字运行报告

连连数字科技股份有限公司

连连数字科技股份有限公司(以下简称连连数字)成立于 2009 年,是国内领先、全球多地持牌的支付网络科技公司,旗下业务涵盖全球化支付及服务、银行卡清算等有机融合的数字科技生态体系,服务对象横跨贸易、电商、零售、商旅、物流、教育、地产、制造等多个行业。

连连数字与美国运通在我国境内发起设立的合资公司——连通公司,是国内首家获得中国人民银行授予银行卡清算业务许可证的合资银行卡清算机构,获准在我国境内拓展成员机构、授权发行和受理"美国运通"品牌银行卡。目前,连连数字已在中国、美国、英国、泰国、新加坡、巴西等国家和地区获得了超过 60 个支付类牌照及相关资质,实现资金安全、合规、高效流转,更好地为跨境电商卖家提供全流程全链路的跨境服务。

一、境内业务运行情况

截至 2021 年 12 月底,连连国内业务历史累计总交易额已近 5.5 万亿元,并在多个领域展开战略合作。

在城市建设领域,为构筑新型数字城市生态圈,提高城市数字化水平,连连数字与杭州市民卡在数字城市、清算网络、创新业务、增值服务等方面进行全方位、全场景、深层次的紧密合作。

在医药领域,为探究、创新线上线下融合发展的医药新零售模式,连连支付(连连数字旗下公司)基于在产业互联网领域深厚的技术基础和成熟的产品服务经验,为哈药集团人民同泰医药股份有限公司提供集聚合支付、零售对账、数据运营、串联内部业财务系统于一体的助力新零售医药行业数据化转型解决方案。

在技术创新领域,连连数字与华为达成战略合作签约,将共同在云计算、大数据、SaaS 化解决方案等领域展开全面合作,推进数字化服务在产业互联网的加速落地。

二、境外业务运行情况

连连国际(连连数字旗下公司)业务现已支持超过 50 家跨境电商平台约 120 个站点的跨境收款功能,服务延伸至 100 多个国家和地区,累计服务超过 120 万家跨境电商店铺。据亿邦智库调研,2021 年,连连国际以 27.8% 的跨境卖家最常用第三方收款工具使用率排名第一。

为满足客户多元化需求,连连国际相继与 Lazada、Newegg、Wayfair、Coupang 等国际实力电商平台达成战略合作,跨境卖家可通过连连直接在国际平台上享受一键开店、收款等服务,更高效、便捷地实现品牌出海,开拓国际市场。

在品牌打造方面,为帮助广大跨境卖家更好地发展独立站事业,打造具有中国特色的民族品牌,连连国际与 Shopyy、AllValue、Ueeshop、SHOPLINE 等建站平台达成官方合作,赋能更多优质企业实现出海从 0 到 1,共同打造安全可靠的独立站支付生态,"一站式"助力中国卖家品牌出海。

在增值服务方面,连连国际与全球领先的数字支付公司维萨(Visa)共同发布全球商务支付解决方案,为全球跨境电商企业及出口外贸公司提供多币种付款服务,满足客户个性化需求。同时,为帮助中国跨境卖家更高效合规地解决境外税务问题,连连国际与资深税务服务机构 Avalara 达成合作,通过 Avalara 自动化、贴心的服务实现企业境外税务合规。

2021年浙江省股权交易中心运行报告

浙江省股权交易中心

浙江省股权交易中心(以下简称浙股交)是经中国证监会备案、浙江省人民政府批准的浙江省(不含宁波市)区域性股权市场运营机构。近年来,浙股交积极响应省委、省政府争创社会主义现代化先行省、高质量发展建设共同富裕示范区的号召,在服务实体经济、赋能中小微企业成长方面取得一定成效。2021年,实现新增挂牌展示企业252家,其中成长板挂牌公司114家、创新板展示企业138家,新增可转债融资40.15亿元,助力8家企业在沪深港交易所上市,2家企业转新三板挂牌。截至2021年末,累计实现各类融资484.73亿元,累计助力16家企业在沪深港交易所上市,100家企业转到新三板挂牌。

一、实施"一县一平台"县域赋能战略,助力县域经济高质量发展

浙股交根据企业实际需求,持续为科创型中小微企业提供资本市场培训、融资路演、挂牌仪式、股权托管、走进交易所及上市咨询等基础服务,并将服务流程及服务规范逐步"标准化",高效服务全省中小微挂牌企业。同时,通过深入基层,下沉服务,积极探索赋能县域经济高质量发展的有效途径,形成了以"一个特色板块+一只基金+一个上市培育中心+一套服务体系"为核心的"一县一平台"服务模式。2021年,于嘉兴嘉善县、绍兴上虞区、台州湾新区、湖州德清县、杭州余杭区、衢州龙游县、金华金东区新设7个子公司或工作站,目前已在4个县(市、区)设立实体运营子公司,6个区域设立工作站,实现10个县(市、区)的服务体系全覆盖。

二、构建以投融资为核心的多元化普惠金融服务体系

浙股交以扩宽中小微企业融资渠道、降低融资成本为导向,积极探索构建以投融资为核心的普惠金融服务体系。一是推动银行系金融机构参与,创新"可转债＋担保"融资方式。一方面降低企业融资成本。通过与省内地方政策性担保公司试点合作,配套直接融资增信服务,为科创小微企业发行可转换为股票的"可转债＋担保"产品,一年期票面利率控制在5%左右,有效帮助企业低成本解决经营资金。另一方面为进一步拓宽企业融资渠道,浙股交与浙江泰隆商业银行开展合作,推出"浙股小微企业普惠可转债",引导泰隆银行理财产品的资金投资科技型、创新型小微企业。在控制风险的基础上,有效提升可转债备案审查效率,进一步简化可转债发行、认购与存续期管理流程。二是建立"企业服务＋股权投资"的深度服务机制,增加优质挂牌企业融资供给。利用浙江股权服务集团旗下具有的私募基金牌照,与地方产业基金、上市公司合作建设专项基金,服务区域性股权市场优质科创企业,增加专精特新等重点挂牌企业融资供给。已建设有海创投基金、湖州凤凰助力基金等9只基金,基金规模达32.14亿元,在管基金约8亿元,已投项目4.68亿元。

三、加强与多层次资本市场有机联系,打造拟上市企业规范培育平台

浙股交积极探索与更高层次资本市场建立企业规范培育的服务机制,通过深化专板建设、延伸服务基地与服务深度等措施,与深交所共建科创金融路演平台,与上交所共建首个上市培育专板——科创助力板,与新三板共建绿色通道,与北交所共建上市培育基地,为拟上市企业提供全方位的上市培育专项服务,加快推动一批企业上市。2021年,浙股交抓住北京证券交易所设立机遇,加大全省范围内的宣传力度,仅9月至10月间,就举办了18场新三板(北交所)资本市场培训。新三板绿色通道建设进展顺利,已助力两家企业(瓯宝安防、虚现科技)通过新三板的绿色通道成功转板,审核时间缩短了近一半。

政　策　篇

杭州市人民政府关于印发
杭州市金融业发展"十四五"规划的通知
（摘要）

杭政函〔2021〕84 号

各区、县(市)人民政府,市政府各部门、各直属单位:

为推动"十四五"时期全市金融业高质量发展,根据《杭州市国民经济和社会发展第十四个五年规划和二〇三五年远景目标纲要》精神,特编制本规划。规划期限为 2021—2025 年。

一、高质量打造杭州国际金融科技中心,助力建设社会主义现代化国际大都市

(一)区域金融服务中心初步建成。"十三五"期间,面对经济发展内外挑战并存、形势复杂多变的局面,我市认真贯彻国家和省金融重大决策部署,围绕"干好——六、当好排头兵",砥砺奋进、攻坚克难,着力推进服务实体经济、防控金融风险、深化金融改革三大工作任务,各项金融工作取得了新的重要成就,经济与金融良性互动发展的局面进一步巩固。

——金融综合实力明显增强。以传统金融为主导、新兴金融蓬勃发展的现代金融产业格局逐步形成。到 2020 年末,主要指标均完成"十三五"目标任务(见表 1)。

表 1 《杭州市金融业发展"十三五"规划》主要指标完成情况

序号	指 标	2015 年	2020 年		2020 年国内城市排名
			规划目标	实际完成	
1	金融业增加值(亿元)	941	1600	2038	8
2	金融业增加值占全市生产总值比重	9.4%	≥11%	12.7%	5
3	本外币存款余额(亿元)	29864	45000	54246	5
4	本外币贷款余额(亿元)	23328	36000	49799	5
5	不良贷款率	1.84%	≤1.6%	0.87%	—
6	保费收入(亿元)	374	750	964	7
7	保险深度(保费收入/全市生产总值)	3.7%	≥4.2%	6.0%	—
8	保险密度(元/人)	4152	6000	9305	—
9	备案私募基金资产管理规模(亿元)	1215	—	6631	4
10	累计培育境内外上市公司(家)	118	218	218	—
	其中:境内上市公司(家)	88	—	161	4

备注:国内城市包括直辖市、省会城市、全市生产总值全国排名前十位的经济强市。

——钱塘江金融港湾建设成效显著。钱江新城、钱江世纪城核心区累计入驻省级以上持牌金融机构 77 家、大型要素交易平台 6 家。成功打造玉皇山南基金小镇等金融特色小镇,集聚各类金融组织 5248 家,管理资产总规模 2.3 万亿元。高质量举办钱塘江论坛、全球私募基金西湖峰会、中瑞合作双湖论坛等系列高端论坛峰会。

——金融科技发展领跑全国。2018 年正式启动杭州国际金融科技中心规划建设,经过不懈努力,杭州成为国内外知名的金融科技中心城市之一,被公认为"全球移动支付之城"。招引落地世界银行全球数字金融中心等一批重大项目。成功获批金融科技创新监管试点城市。

——金融服务实体经济力度持续加大。"十三五"期间新培育境内外上市公司 100 家,累计培育数达到 218 家。组建战略性新兴产业投资基金、上市公司稳健发展基金、融资担保基金等 3 个百亿政府性产业基金。

设立杭州金融综合服务平台，累计撮合融资金额759亿元。金融支持新冠肺炎疫情防控成效显著。债券融资规模进一步扩大。

——防范化解金融风险攻坚战取得重大成果。坚持"以退出为主要方向"，实现网络借贷机构全部清零，相关工作经验在全国推广。企业"两链"风险明显下降。不良贷款率保持在历史最低水平。基本完成地方性交易所整治，非法集资活动趋于收敛，地方金融保持安全稳定。组建挂牌杭州市地方金融监督管理局。

（二）新发展阶段面临新机遇新挑战。"十四五"时期是浙江共同富裕示范区、社会主义现代化先行省的推进建设期，也是杭州争当浙江高质量发展建设共同富裕示范区城市范例的重要窗口期，长三角一体化发展等国家战略的深入实施期，"数智杭州·宜居天堂"的重点打造期，有利于杭州在更高层面集聚和配置金融资源。同时，浙江新兴金融中心、杭州国际金融科技中心建设快速推进，一批重大金融项目相继落地产出，金融改革创新稳步开展，金融风险总体可控。总体上，杭州经济金融稳中向好、长期向好的基本趋势没有改变，发展金融科技和新兴金融的独特基因优势没有改变，仍处于并将长期处于重要战略机遇期。

"十四五"时期，虽然杭州金融发展拥有诸多重大机遇，但不可避免面临一定困难和挑战。外部环境方面，国际国内经济下行压力犹存，地缘政治风险依然较大，金融发展不确定性因素增多。内部环境方面，金融发展还存在诸多不平衡不充分问题。金融供给结构欠完善，对重点领域和薄弱环节的金融支持力度需进一步加大，服务经济高质量发展的能力有待进一步提升。金融科技发展缺乏底层和核心技术，且过于倚重个别企业、个别行业。缺乏有较大影响力的总部金融机构、要素交易市场，以及有较大知名度的金融改革创新品牌。借助新技术、新载体产生的"金融脱媒"现象增多，金融风险日趋隐蔽复杂。地方金融治理体系和治理能力现代化程度不足。

（三）二〇三五年远景目标。到2035年，将杭州建设成为全球领先的国际金融科技中心，以及浙江新兴金融中心核心区，有效助力社会主义现代化建设。金融综合实力大幅跃升，国际国内金融高端要素集聚、产业发展领先、创新生态一流，形成具有高度适应性、竞争力、普惠性的现代金融产业体系。新兴金融业蓬勃规范发展,研发创新能力出众,基础设施扎实,产业链条完善,辐射能力突出,金融科技评价指数国际领先。各项金融改革达到预期效果,公共金融服务更加优质均等,金融产业与实体经济、科技创新、人力资源的协同度迈上新台阶。金融参与国际合作和竞争的优势明显增强,金融发展更加适应经济全球化趋势,对外开放达到新高度。金融运行安全稳定,金融监管制度完善,金融法制体系健全,金融消费者权益保护处于国内领先水平,全面实现金融治理体系和金融治理能力的现代化。

(四)"十四五"时期金融业发展的总体思路。以习近平新时代中国特色社会主义思想为指导,全面贯彻中央、省经济金融工作会议精神,按照"四个杭州""四个一流"要求,准确全面贯彻新发展理念,服务构建新发展格局,以推动金融高质量发展为引领,以深化金融供给侧结构性改革为主线,以金融改革创新为根本动力,以满足人民日益增长的美好生活需要为根本目的,统筹金融发展和安全,加快推进金融业数智化转型,加快金融区域协作和对外开放步伐,切实维护金融安全与金融稳定,着力构建现代金融产业体系,高水平打造杭州国际金融科技中心和浙江新兴金融中心核心区,全力支持杭州建设社会主义现代化国际大都市。

1.坚持党管金融。

2.坚持服务实体。

3.坚持科技赋能。

4.坚持改革开放。

5.坚持系统推进。

(五)"十四五"时期金融业发展的主要目标。锚定二〇三五年远景目标,聚焦高质量、现代化、竞争力、普惠性,高标准建设杭州国际金融科技中心和浙江新兴金融中心核心区,树立全球金融科技发展标杆、国家科创金融改革试验区标杆,形成高质量发展的现代金融体系,取得一批突破性标志性金融成果(见表2)。

1.金融综合实力国内领先。

2.服务实体成效国内领先。

3.金融科技发展国际领先。

4.金融改革创新国内领先。

5.金融治理能力国内领先。

表 2　《杭州市金融业发展"十四五"规划》主要预期指标

序号	指　标	2020 年	2025 年
1	金融业增加值(亿元)	2038	2800
2	金融业增加值占全市生产总值比重	12.7%	≥13%
3	社会直接融资占比	27%	30%左右
4	本外币存款余额(亿元)	54246	85000
5	本外币贷款余额(亿元)	49799	80000
6	不良贷款率	0.87%	1.5%左右
7	保费收入(亿元)	964	1700
8	保险深度(保费收入/全市生产总值)	6%	7.4%
9	备案私募基金资产管理规模(亿元)	6631	≥10000
10	累计培育境内外上市公司(家)	218	338
11	政府性融资担保机构小微企业和"三农"担保业务余额(亿元)	45	350

二、坚持创新驱动发展战略,塑造国际领先的金融科技发展高地

充分发挥杭州金融科技和民营经济发达优势,以钱塘江金融港湾为主平台,以浙江新兴金融中心建设为契机,站在全球化视野,不断创新产业生态,推进金融业数智化转型,扩大杭州金融科技国内外影响力。

(一)提升新兴金融核心竞争力。

(二)建设金融科技创新策源地。

(三)健全金融科技产业生态圈。

(四)推进金融业数字化智能化。

(五)做优七大金融科技产业群。

(六)扩大产业国际化辐射范围。

三、实施融资畅通工程升级版，推进金融精准直达实体经济

紧紧围绕地方经济发展"5＋3"重点产业、重点领域和薄弱环节，着力完善金融服务实体经济高质量发展体制机制，畅通金融要素循环，精准服务实体经济，促进地方经济结构优化升级，推进社会共同富裕。

（一）全力支持产业创新。

（二）大力发展小微金融。

（三）加快发展绿色金融。

（四）积极发展农村金融。

（五）强化发展民生金融。

（六）着力拓展文创金融。

（七）优化重大项目金融保障。

四、利用多层次资本市场，促进资源要素高效配置

抓住国家股票发行全面推行注册制改革、区域性股权市场创新试点等资本市场改革发展机遇，着力拓展直接融资渠道和融资方式，不断提高直接融资比重，打造规范、透明、开放、有活力、有韧性的多层次资本市场，有效促成金融资源配置到关键领域、重要环节。

（一）实施"凤凰行动"升级版。"十四五"期间，全市新培育境内外上市公司不少于120家。

（二）促进上市公司高质量发展。到2025年末，力争市值1000亿元以上的上市公司不少于8家，500亿～1000亿元的不少于20家。

（三）推进股权投资业健康发展。

（四）完善地方要素交易市场体系。

五、深化金融改革创新，增强地方发展内生动能

在审慎规范的前提下，多路径探索金融改革创新，拓展政策空间，增强金融服务效能。以创建国家级科创金融改革试验区为重点，加强系列金融

改革的系统集成、协同高效,促进在有条件的领域率先形成新发展格局。

(一)倾力创建国家级科创金融改革试验区。

(二)稳妥推进金融科技创新监管试点。

(三)深化杭州自贸片区金融改革创新。

(四)深化区域性股权市场创新试点。

(五)积极争取数字人民币应用试点。

六、结合有效市场和有为政府,打造最优现代金融体系

坚持市场化引领为主、政府引导为辅原则,持续深化金融领域"放管服"改革,更好发挥现代政府的金融正向引导作用。按照现代金融发展方向,完善人才、数据、营商环境等关键资源要素保障,大力招引总部金融机构,加速构建充满活力的现代金融体制机制。

(一)做强做优在杭金融组织。

(二)建设全球金融人才蓄水池。

(三)构建双千亿服务引导体系。

(四)营建一流金融营商环境。

(五)推进数字赋能信用建设。

(六)建成最佳线上金融生态。

七、统筹金融发展空间,打造"一核、三镇、多点"联动协调发展格局

围绕杭州特大城市新型空间格局,着力优化市域金融空间布局,引导金融资源向核心金融区块、优势产业区块集聚。继续保持"庆春路—延安路"传统金融优势区域张力,提升钱塘江金融港湾区块发展动能,放大金融集聚规模效应。"十四五"期间,我市将重点打造"一核、三镇、多点"金融业发展平台。

(一)突出"一核"。"一核"即以杭州金融城、钱塘江金融城为主的钱塘江金融港湾核心区,主要打造金融机构总部集聚区、国际金融科技核心区、财富(资产)管理核心区,重点集聚发展省级以上银行、证券、保险金融机

构,大型要素交易场所、大型金融科技公司、大型财富（资产）管理机构、大型公（私）募基金、上市公司投融资总部和其他专业型金融服务机构总部。

（二）优化"三镇"。"三镇"即玉皇山南基金小镇、西湖蚂蚁小镇、运河财富小镇三个金融特色小镇。巩固放大金融特色小镇品牌优势，努力打造国际领先的私募金融和金融科技发展样板。

（三）带动"多点"。"多点"即众多特色金融集聚区。结合国家自主创新示范区、杭州城西科创大走廊建设，聚力打造梦想小镇、人工智能小镇、滨江金融科技区，创新发展各类科创金融服务。结合浙江新兴金融中心建设，加快建设望江新金融集聚区、西湖之浦路沿江地块等一批新兴金融集聚区，打造国内领先的新兴金融增长极。优化湘湖金融镇、黄公望金融小镇等金融集聚区发展路径，锻造金融产业长板。依托市域行政区划调整，强化市区金融核心区块的辐射引领作用，带动发展县域和重点产业区块金融集聚区，推进产城融合。

八、融入长三角一体化发展，扩大金融区域协作与对外开放

积极融入长三角区域一体化和长江经济带发展，加强市内外金融区域协作，推进金融业高水平双向开放，提高金融国际化水平，使杭州成为引领本省乃至长三角金融更高质量一体化发展的重要引擎。

（一）借力中心城市发挥杭州特色优势。

（二）强化市内外金融区域协作。

（三）推进金融业更高水平对外开放。

九、建立全面审慎的监管防控体系，守牢金融安全底线

毫不松懈防范化解金融风险，加快构建系统性、现代化的地方金融治理体系和治理机制，推进完善现代金融企业制度，健全多维度数字化的风险防控体系，提高金融风险应急处置能力，切实维护地方金融安全和金融稳定。

（一）压实机构风险防范主体责任。

（二）提升属地金融综合治理能力。

(三)完善地方金融监管协作框架。

(四)确保不发生区域性金融风险。

十、强化规划保障,实现"十四五"目标任务

坚持党对金融工作的集中统一领导,健全工作体系,完善工作机制,强化政策支持,激发各类主体积极性,合力完成规划目标任务。

(一)加强党对金融工作的领导。

(二)强化规划协调引领。

(三)加大政策扶持力度。

杭州市人民政府

2021 年 12 月 11 日

杭州市人民政府关于印发杭州市深入推进经济高质量发展"凤凰行动"计划（2021—2025年）的通知

杭政函〔2021〕94号

各区、县（市）人民政府，市政府各部门、各直属单位：

为贯彻落实国家、省关于全面深化多层次资本市场改革的一系列决策部署，推进"凤凰行动"计划深入实施，充分展现杭州"重要窗口"的头雁风采，根据《浙江省人民政府关于印发浙江省深入实施促进经济高质量发展"凤凰行动"计划（2021—2025年）的通知》（浙政发〔2021〕6号）精神，结合我市实际，制订本计划。

一、总体要求

以习近平新时代中国特色社会主义思想为指导，立足新发展阶段，贯彻落实新发展理念，服务构建新发展格局，坚定推进实施"凤凰行动"计划，推动更多本地优质企业登陆境内外资本市场，充分发挥资本市场在实现资源要素市场化配置中的重要作用，打通资源要素与实体经济的循环机制，加快补齐拉长产业链短板，做强做优做大战略性支柱产业，驱动全市经济可持续高质量创新发展，努力打造在全国领先示范的上市公司高质量发展高地和具有杭州特质的创新资本资源中心。

二、目标任务

全面完成浙政发〔2021〕6号文件提出的目标任务,按照培育、股改、辅导、报审、挂牌、上市的全流程,高标准全面打造"凤凰行动"升级版。

——上市梯队有新储备。通过股份制改造和培育上市后备企业,每年动态保有股份有限公司2000家,上市后备企业300家(其中市级重点拟上市企业120家以上)。

——质量规模有新突破。到2025年底,力争全市新增境内外上市公司120家以上;全市市值1000亿元以上的境内外上市公司数量超过8家,500亿~1000亿元的超过20家,200亿~500亿元的超过30家,确保我市上市公司数量和市值稳居全国大中城市前四位,研发投入规模、发明专利数量等创新指标保持全国领先。

——资本市场融资有新提升。到2025年底,力争全市新增资本市场融资额3500亿元以上,上市公司并购重组金额1500亿元以上,新增私募股权投资基金备案金额3500亿元以上,确保直接融资比例达到30%以上。

三、工作举措

(一)强化优质企业发现培育

充分挖掘符合国家、省、市产业导向、成长性强的企业,支持其开展股份制改造;坚持完善以"知名投资机构＋企业投资估值"为核心的市级重点拟上市企业发现机制,将省级以上"专精特新"企业、科创板和创业板申报受理企业、浙江省股权交易中心科创助力板挂牌企业等纳入市级重点拟上市企业名单,并加大培育支持力度;开发运用上市后备企业数字化培育平台,加强对上市后备企业的全程监测、分类指导和跟踪服务,将高新技术企业、科创型中小企业、发明专利拥有企业纳入重点培育对象,引导企业选择适合自身发展特点的资本市场进行对接。〔市经信局、市科技局、市发改委、市地方金融监管局、浙江证监局及各区、县(市)政府按职责分工负责。以下均需各区、县(市)政府落实,不再列出〕

（二）优化企业上市"一件事"服务

加强对全市企业上市与并购重组工作的统筹协调，进一步健全市和区、县（市）两级协作的企业上市"一件事"协调服务机制。企业上市过程中需要税务、社保、应急执法、行政诉讼、仲裁纠纷、规划等领域无重大违法违规证明和行政处罚信用核查报告等材料的，相关部门应当按照上市审核要求，依法、及时完成认定并出具。对企业历史遗留问题，相关部门和属地政府要加强服务指导，妥善协调解决。在全市层面研究落实加快利用资本市场相关举措，积极推动对政府产业基金投资、政府采购应用和数字化改革等领域的企业全方位赋能。（市地方金融监管局、国家税务总局杭州市税务局、市人力社保局、市财政局、市数据资源局、市应急管理局、市规划和自然资源局、市生态环境局、市国资委、市市场监管局按职责分工负责）

（三）细化募投项目落地保障措施

支持募投项目落户本地，参照招商引资项目待遇，加大募投项目落地服务力度，协调解决项目立项、用地、环评等工作中遇到的问题，促进募投项目顺利推进、尽快见效。市级经信、投资促进和金融监管等部门要优化完善市级部门联动机制，加强对项目落地的统筹协调和服务保障。（市发改委、市经信局、市规划和自然资源局、市生态环境局、市投资促进局、市国资委、市市场监管局、市地方金融监管局按职责分工负责）

（四）规范引导上市公司并购重组

在充分尊重上市公司意愿的前提下，支持其开展以引入高端技术、人才为重点的并购重组活动。推动在杭银行机构采用投贷联动、并购贷款等方式加强对上市公司并购重组的融资支持。引导上市公司增强并购风险防范意识，审慎开展跨界重组活动。（市经信局、市国资委、市地方金融监管局、人行杭州中心支行、浙江银保监局、浙江证监局按职责分工负责）

（五）促进股权投资行业可持续发展

规范畅通股权投资机构长效化和常态化市场准入机制，鼓励支持金融特色小镇探索开展创新服务。支持银行机构开展投贷联动和股债结合业务,鼓励保险资金依规加大股权投资力度,推动产业优化升级。充分发挥市创投引导基金作用,带动社会资本"投早投小",做好产业园区、孵化器和创业空间内创新创业企业的融资服务工作;发挥市级产业创新引领母基金作用,优选市场化专业投资机构开展深入合作,共同支持杭州城西科创大走廊、高新技术开发区、经济技术开发区等重点区域内的科创企业上市发展、战略型产业并购发展和重点项目集聚发展。争取开展合格境外有限合伙(QFLP)、合格境内有限合伙(QDLP)试点,引导产业资本和私募机构探索资本市场国内国际联系通道,切实利用好两个市场两种资源。[市发改委、市财政局、市国资委、市科技局、市市场监管局、市投资促进局、市地方金融监管局、人行杭州中心支行(省外汇管理局)、浙江银保监局、浙江证监局、市金融投资集团按职责分工负责]

(六)推动区域性股权市场创新发展

全力支持浙江省股权交易中心以杭州为总部,加快开展区域性股权市场浙江创新试点,通过数字化技术赋能、建设分层次挂牌服务体系、与全国性主板证券交易市场建立互联互通机制,为全市拟上市企业对接资本市场提供全周期、全流程、全功能的专业化、系统性培育服务。研究创建以科创股权为重点的私募基金份额报价转让平台,探索开展私募股权二级市场转让试点,鼓励社会资本发起设立股权转受让基金,提升私募股权市场的活跃度和流动性,夯实多层次资本市场底层基础。(市发改委、市财政局、市国资委、市地方金融监管局、人行杭州中心支行、浙江证监局按职责分工负责)

(七)提升上市公司治理水平

配合支持证券监管部门对我市上市公司开展各类专项监管行动,与各证券交易所合作建立上市公司风险监管协同联动机制,建设风险监测平台并强化场内场外一致性监管,加强中小投资者权益保护。与各证券交易所合作开展董事会秘书、独立董事等相关高管人员培训,加强合规教育,规范上市公司信息披露行为,引导、鼓励上市公司提升公司治理水平。严厉打击损害上市公司权益行为,支持上市公司依法维护自身合法权益,确保上市公司可持续高质量发展。(浙江证监局、市地方金融监管局按职责分工负责)

(八)防范化解上市公司风险

各地要完善上市公司帮扶机制,及时制定高风险企业纾困、帮扶或平稳有序退市方案,实现并购强发展、纾困稳发展、退市再发展的目标。发挥杭州上市公司稳健发展基金作用,通过股权、债权等多种方式,帮助有发展前景但暂时陷入经营困难或流动性困难的上市公司化解风险。加强银政企合作,协调银行等金融机构给予我市上市公司授信、展期等信贷支持。(市金融投资集团、市财政局、市国资委、国家税务总局杭州市税务局、市地方金融监管局、人行杭州中心支行、浙江银保监局按职责分工负责)

(九)加大政策扶持力度

自2021年1月1日起符合条件的相关企业,经申请可享受以下支持政策:

1.对完成股改并在证监部门完成上市辅导备案的企业,给予一次性200万元资金补助。

2.本市企业在境内外直接上市的(即公司以自己的名义直接提出申请并获准在证券交易所上市),给予一次性300万元资金补助。同一家公司在境内外多地上市的,享受一次补助。

3.列入市级重点拟上市企业名单的企业,按照平等自愿和协商一致的原则,可优先获得市政府产业投资基金的战略性股权投资支持。

4.上市公司实施并购重组,达到重大资产重组标准的,或并购本地非关联未上市企业,并购金额在并购对象净资产2倍以上的,按交易实际发生额的5‰给予一次性补助,单家企业补助资金最高不超过2000万元。

5.支持上市公司通过配股、增发、优先股、可转债、公司债、资产证券化等市场化方式开展再融资。按每次募集资金投资在辖内实际金额的3‰给予补助,单家企业每年补助资金最高不超过 300 万元。

6.支持符合条件的本市中小微企业利用银行间市场、证券交易所、全国股转市场、浙江省股权交易中心各类支持中小微企业发展的创新型融资工具进行融资,对成功完成融资的,按其融资规模的 2% 给予一次性补助,单家企业单个项目补助资金最高不超过 50 万元。

以上补助资金,由市级财政及有关区、县(市)财政共同承担,具体参照《杭州市人民政府关于优化完善市区财政体制的通知》(杭政函〔2021〕24号)等相关规定执行。(市地方金融监管局、市财政局、市经信局、市市场监管局按职责分工负责)

四、工作保障

(一)构建资本市场智库大脑

组建由市政府有关部门、证券监管机构、证券交易所、资本市场中介服务机构、私募投资机构、高等院校等机构专业人士组成的资本市场智库大脑,为政府部门研究决策提供支持,为企业上市与并购重组提供咨询辅导服务,为金融系统干部提供金融业务知识培训。充分发挥行业协会作用,组织上市公司、拟上市企业与知名投资机构对接,探索设立上市并购引导基金,开展行业发展研究、专业能力培训及诚信体系建设、金融顾问制度建设等工作。

(二)做实市场服务平台

完善市级重点拟上市企业和区、县(市)上市后备企业认定办法,建立常态化受理、实时审核申报、动态更新发布的工作机制。探索建立以市级重点拟上市企业和区、县(市)上市后备企业为重点的多层次资本市场数字化服务平台,逐步形成互通共享的企业资源数据库和多级联动的企业上市培育服务体系。全力争取北京证券交易所服务基地落户杭州,继续做强上海证券交易所杭州服务基地、深圳证券交易所杭州基地等"凤凰助飞"服务平台,发挥其在信息、项目、人才、资本和服务等方面的优势,为企业对接资本市场以及开展并购重组工作提供专业服务。

(三)研发"凤凰行动"指数品牌

会同权威机构研究编制资本市场"凤凰行动"指数,全面评估国内主要城市企业利用资本市场推进高质量发展情况。定期对标兄弟城市,研判自身优势与不足。组织开展主题论坛,力争打造全国城市服务资本市场新发展格局的策源地和风向标,提升"杭州板块"影响力。

(四)探索建立上市中介评价体系

积极引进一批境内外著名头部中介机构,加大本土中介机构的培育力度。会同监管部门加强对证券公司、会计师事务所、律师事务所等上市培育服务中介机构的指导和监管,压实中介机构责任,建立和完善服务绩效信息披露机制、失信惩戒机制,根据需要对证券公司、会计师事务所、律师事务所等中介机构服务质量开展跟踪评价。

本计划自 2022 年 1 月 31 日起施行,有效期至 2025 年 12 月 31 日,由市地方金融监管局负责牵头组织实施。各区、县(市)政府要结合自身实际,制定相关配套办法。

杭州市人民政府

2021 年 12 月 31 日

杭州市人民政府办公厅印发关于金融支持服务实体经济高质量发展若干措施的通知

杭政办函〔2021〕20号

各区、县(市)人民政府,市政府各部门、各直属单位:

为全面贯彻落实党中央、国务院关于金融工作的决策部署,深入落实省委、省政府关于实施融资畅通工程促进经济高质量发展的工作要求,深化金融供给侧结构性改革,增强金融服务实体经济能力,结合杭州市实际,制定如下措施。

一、支持服务对象

支持服务对象为《杭州市国民经济和社会发展第十四个五年规划和二〇三五年远景目标纲要》明确要建立的"现代产业体系"中"5＋3"重点产业、制造业或生产性服务业等领域的企业(以下简称重点企业),具体要求企业的工商注册、税务登记及主要生产经营地均在杭州。其中,生产实行委托外地加工,但产值和营业收入纳入杭州报表的,视为主要生产经营地在杭州。

二、加大信贷支持力度

(一)发挥财政性资金对信贷投放的引导作用。完善金融机构支持全市经济社会发展评价激励机制,促进财政性资金存放动态分配调节和金融信贷服务功能的联动,引导金融机构扩大对重点企业中长期贷款投放,推动信贷资源向实体经济倾斜。

（二）强化公共信用信息平台的支撑能力。推进企业信用信息服务平台、金融综合服务平台等公共信用信息平台联动，统筹企业信用信息服务应用和金融综合服务信用建设，健全企业信用数据与公共信用信息平台互联互通机制。金融管理部门联合相关部门通过公共信用信息平台向金融机构推送重点企业贷款需求，为重点企业提供智能化、批量化融资对接服务。

（三）引导金融机构加大对重点企业的信贷支持。鼓励金融机构对重点企业实行"一对一"服务，推行"两内嵌、一循环"（中期贷款内嵌年审制、中期授信内嵌预审制、循环式中期流动资金贷款）服务中期流动资金贷款模式，稳定企业融资预期。对科创企业持续优化首贷、信用贷、无还本续贷等信贷服务，开展"知识产权质押登记线上办理"试点，推动知识产权质押融资增量扩面。

（四）构建科创企业全生命周期精准服务体系。参与长三角科创金融改革试验区申报创建工作，推动央行科技创新专项政策支持工具落地。鼓励设立、改造一批科技金融事业部、科技支行等专营机构，为科创企业和人才提供"人才贷""科技积分贷"等专属金融产品服务。深化"股债联动"模式，鼓励银行及银行理财子公司依法依规与符合条件的创业投资基金合作，开展"股权＋债权"的投资模式，探索将认股权证纳入金融衍生品管理，完善"贷款＋外部直投""贷款＋远期权益"等收益共享机制。

（五）放大保险服务对企业信贷增信分险功能。鼓励保险机构创新发展科技保险，深化首台（套）重大技术装备保险、新材料首批次应用综合保险和首版次高端软件保险等应用，开发制造业数字化改造和关键研发设备产品研发责任险、知识产权保险等产品，在产品研发、生产、销售各环节以及数据安全、知识产权保护等方面为科创企业提供保险服务。探索建立科创企业贷款保证保险风险补偿机制，推动保险机构参与区域性的融资担保、风险分担。

三、优化融资担保体系

（一）扩大融资担保业务规模。加快推动政府性融资担保机构一体化建设,以杭州市融资担保有限公司为主体,组建杭州市融资担保集团,参股、控股或合并市、区(县、市)政府性融资担保机构。健全注册资本金持续补充、风险补偿机制,提升政府性融资担保服务质效。创新考核运作机制,建立以服务重点企业家数、放大倍数和覆盖率等为绩效考核内容的评价体系。依托政府性融资担保机构,促进全市融资担保行业加快发展,争取 3 年内实现融资担保业务额达到 1000 亿元以上。

(二)强化政府性融资担保服务功能。拓宽"双保"(保就业、保市场主体)融资服务范围,对地方贡献突出的企业实行"见贷即保"的批量担保模式。政府性融资担保机构参与"4222"风险分担机制(市县担保机构、国家融资担保基金、省再担保公司、合作银行按照 4:2:2:2 的比例),以企业前 3 年纳税总额为限,为重点企业提供无抵押的信用担保,融资担保费率原则上不超过 1%。对产品研发周期较长、研发投入较高的纳税信用等级为 A、B 级高新技术企业、科创企业,可突破担保额度限制。鼓励银行机构对有政府性融资担保的重点企业加大贷款利率优惠。

四、提升资本市场活力

(一)支持重点企业股改上市。谋划实施"凤凰行动"计划升级版,加大对重点企业上市的培育力度。政府性产业基金与市场化投资机构共同组建单一投资基金,参与重点企业股权投资,推动优质科创企业上市融资、符合国家战略的高新技术产业和战略性新兴产业相关资产重组上市,并按照协议实行投资收益让渡。

(二)加大发债融资支持力度。扩大创新创业公司债券融资工具发行规模,支持符合条件的重点企业发债融资。探索以知识产权运营未来收益权为底层资产发行知识产权证券化产品。推广民营企业债券融资支持工具,通过信用风险缓释凭证和担保增信两种模式,推动建立市场化的风险分担机制,提高市场主体投资认购意愿。

(三)组建创新引领母基金。设立总规模 1000 亿元的杭州市创新引领母基金,建立规范化、市场化、专业化的运转机制,通过对重大项目直接投资和参股设立投资子基金相结合的模式,推动全市"十四五"规划的重大产业项目集聚发展。

（四）培育创投基金和产业资本。做大做强创业投资引导基金，支持央企资金、保险资金等在杭州设立创业投资基金和股权投资基金。推进区域性股权市场创新试点，打造助力创新创业企业培育发展的综合服务体系，推动建立创投股权和私募基金份额报价转让平台，引导设立私募股权投资接力基金，促进私募股权二级市场发展。

五、推动金融服务创新

（一）推进供应链金融发展。支持金融机构、供应链核心企业和融资担保机构开展合作，组建产业链优化提升联合授信体，探索"有效订单即给予担保"的模式。推动银行机构运用人民银行动产融资统一登记公示系统，提升供应链融资效能。政府性融资担保机构对有动产抵押贷款的企业，可按照不高于抵押物账面净值 50％的额度给予补充担保。

（二）优化转贷业务流程。统筹整合现有政府性转贷周转金，支持国有资本设立转贷平台，探索"转贷平台＋合作银行＋融资担保公司"的转贷服务模式，帮助企业化解转贷难、转贷贵的矛盾。优化转贷业务流程，引导金融机构与转贷服务机构在合法合规的前提下推行"T＋1"转贷模式，将转贷环节占用资金的时间降到最低。

（三）加强对"万亩千亿"新产业平台服务。引导金融机构与重大科研平台、产业孵化培育平台深化战略合作，加大对千亿级先进制造业基础研究和原始创新等项目的金融支持力度。定期组织各类股权投资基金为产业平台项目提供持续的社会化股权投资服务，促进科研成果市场化、产业化和资本化。

本措施自 2021 年 5 月 6 日起施行，有效期 3 年。由市地方金融监管局负责牵头组织实施。

杭州市人民政府办公厅

2021 年 3 月 29 日

中国人民银行杭州中心支行
浙江省市场监督管理局关于推广贷款码
提升小微企业和个体工商户
金融服务质效的通知

杭银发〔2021〕31 号

为认真贯彻中央"六稳""六保"工作部署,深入实施《浙江省"小微企业三年成长计划"(2021—2023 年)》和《浙江省小微企业和个体工商户"直贷户拓展三年行动"方案(2020—2022 年)》(杭银发〔2020〕160 号),人行杭州中心支行和省市场监管局联合开展贷款码工作,进一步促进银企精准对接,持续加大对小微企业、个体工商户等市场主体的融资支持,推动小微金融服务扩面、提质、增效,更好服务我省小微企业和民营经济高质量发展。现将有关工作通知如下:

一、高度重视贷款码推广工作

贷款码以二维码为标识,以人行杭州中心支行的浙江省企业信用信息服务平台和省市场监管局的小微企业云平台为支撑,运用金融科技手段,为市场主体搭建线上融资"绿色通道",实现小微企业和个体工商户"码上融资",具有便捷、精准、高效、安全的特点,可有效提升小微企业和个体工商户融资效率。各级人民银行、市场监管部门和金融机构要高度重视推广贷款码的重要意义,将其作为深入实施融资畅通工程、实现金融服务数字化转型的重要抓手,作为拓展小微企业和个体工商户首贷户、提升小微金融服务能力的重要载体,共同将贷款码打造成我省小微金融服务的"精品工程"。

二、推动贷款码多渠道布放

各级人民银行、市场监管部门要积极推动贷款码线上线下全面布放，在人民银行对外服务窗口、基层市场监管办事服务大厅摆放贷款码二维码。充分利用省内各级人民银行、市场监管部门的微信公众号，提供贷款码链接和扫描入口，并通过当地主流媒体官网、各类企业服务平台加大推广力度。各金融机构要在营业大厅、小微企业园入驻网点等场所放置贷款码二维码，方便小微企业和个体工商户扫码申请。

三、建立贷款码专项工作机制

各金融机构要明确行内牵头部门，建立贷款码专项工作机制，统筹负责贷款码推广布放、响应融资申请、反馈融资结果、跟踪回访客户等各项工作。各级人民银行要指定专人负责贷款码相关工作，及时为辖内金融机构开通浙江省企业信用信息服务平台管理员账号，加强日常工作指导和信息沟通反馈。

四、快速响应贷款码融资需求

市场主体可通过浙里办、云闪付、支付宝、微信等应用扫"码"进入融资界面，填写基本信息后即可发布融资需求。融资需求申请通过浙江省企业信用信息服务平台定向推送至申请人所在地的意向合作金融机构。各金融机构负责贷款码工作的人员每日要及时登录浙江省企业信用信息服务平台，收到通过贷款码提交的市场主体融资需求申请后，应于当天安排客户经理负责对接，客户经理原则上应在3个工作日内联系申请人。

五、及时对接贷款码融资申请

各金融机构要积极主动对接申请人，通过电话访谈、视频连线、实地走访等多种形式，全面了解申请人融资需求和生产经营状况，摸清申请人面临的主要困难及诉求。针对申请人合理的融资需求，结合实际情况提供合适的融资方案,在资料完备、符合信贷准入条件的前提下,原则上5个工作日内完成授信审批手续。对不符合信贷准入条件的申请人,要及时告知申请人并做好沟通解释。各金融机构对申请人应保持动态跟踪回访,持续优化小微金融服务。

六、按时反馈贷款码对接结果

各金融机构客户经理应及时将融资对接结果反馈至本机构浙江省企业信用信息服务平台管理员,由管理员及时登陆平台提交反馈。对给予信贷支持的融资申请,管理员应在相关授信审批通过后2个工作日内登录平台反馈结果,填写对接日期、授信额度、期限、利率等信息;对不符合信贷准入条件的融资申请,在告知申请人后,及时登录平台填写无法提供融资支持的原因。浙江省企业信用信息服务平台将融资反馈结果自动推送至浙江省小微企业云平台,供融资申请人查询。各级人民银行要及时跟踪监测贷款码融资对接情况,督促辖内金融机构积极对接和反馈结果,融资对接结果按月与市场监管部门共享。

七、提高金融机构融资对接便利性

各级人民银行要因地制宜,积极推动辖内地方征信平台与浙江省企业信用信息服务平台贷款码融资对接功能的互联互通,充分利用当地地方征信平台提高金融机构融资对接效率。对于温州、嘉兴、绍兴、台州等已实现贷款码融资对接功能互联互通的市,金融机构可通过登录当地地方征信平台,接收并反馈市场主体的贷款码融资需求。

八、加强贷款码宣传推广

全省各级人民银行、市场监管部门要加强沟通合作,共同做好辖内贷款码线上线下的宣传推广工作,提升市场主体对贷款码的知晓度和使用率。通过"三服务"、调研走访、金融服务进企入园、银企融资对接等活动积极向市场主体推广贷款码,宣传贷款码功能。要在行政服务中心、金融机构网点等场所主动摆放贷款码宣传资料,充分利用官方网站、新闻媒体、微信公众号等渠道加强线上宣传推广。

九、强化贷款码工作考核激励

各级人民银行要会同市场监管部门建立贷款码推广应用的考核评价机制,对金融机构运用贷款码情况、融资申请响应情况、融资支持情况、融资结果反馈情况等进行考核评价,强化政策激励引导。人行杭州中心支行会同省市场监管局对各地区、各金融机构的贷款码推广应用情况,实行按月监测、按季通报、按年考核。各金融机构落实贷款码工作情况与小微企业信贷导向效果评估、金融机构综合评价、央行货币政策工具运用和金融市场管理等挂钩。

中国人民银行杭州中心支行

浙江省市场监督管理局

2021 年 3 月 12 日

中国人民银行杭州中心支行
中国银行保险监督管理委员会浙江监管局
浙江省经济和信息化厅
浙江省地方金融监督管理局
关于印发《浙江省银行业金融机构
民营企业贷款"两个一致"
实施意见（试行）》的通知

杭银发〔2021〕65 号

各市（县、区）人民银行、银保监分局、经信局、金融办：

为贯彻落实《浙江省民营企业发展促进条例》中关于银行业金融机构对不同所有制市场主体的贷款要求保持一致的有关规定和省人大常委会、省政府部署，人行杭州中心支行、浙江银保监局、省经信厅、省地方金融监管局制定了《浙江省银行业金融机构民营企业贷款"两个一致"实施意见（试行）》。现印发给你们，请督促辖内银行业金融机构认真贯彻落实，实施中如有问题请及时上报省级主管部门。

附件：浙江省银行业金融机构民营企业贷款"两个一致"实施意见（试行）

中国人民银行杭州中心支行

中国银行保险监督管理委员会浙江监管局

浙江省经济和信息化厅

浙江省地方金融监督管理局

2021 年 5 月 14 日

附件

浙江省银行业金融机构民营企业贷款"两个一致"实施意见(试行)

为深入贯彻习近平总书记关于支持民营企业改革发展的重要讲话精神,认真落实《中共中央 国务院落实关于营造更好发展环境支持民营企业改革发展的意见》有关要求,根据《浙江省民营企业发展促进条例》以及相关法律法规,结合浙江民营经济发展要求,现提出以下意见。

一、总体要求

通过规范银行业金融机构对民营企业的贷款行为,保障民营企业在贷款中的平等权,为民营企业发展创造更加公平竞争的环境,从而更好发挥民营企业作为市场主体和创新主体的作用,进一步激发民营企业活力和创造力。

二、基本原则

坚持市场主导、政府引导。充分发挥市场在资源配置中的决定性作用,更好发挥政府在资源配置中的引导作用,银企双方自主协商、平等合作,激发银行业金融机构服务民营企业的内生动力。

坚持公平公正、公开透明。银行业金融机构对不同所有制市场主体办理贷款应一视同仁,不得对民营企业贷款设置隐性壁垒和歧视性条款,为民营企业营造公平、透明、稳定、可预期的融资环境。

坚持依法合规、防范风险。坚持合规经营底线,强化全员风险管理意识,完善内控管理机制,提升全面风险管理能力,切实防范潜在金融风险。

三、统一信贷准入标准

(一)公示授信制度

不得针对所有制形式对内部授信管理制度进行分类管理。授信审批全流程的尽职调查报告、评审意见和会议纪要等文书中,不得出现针对不同所有制形式企业的歧视性表述。银行业金融机构应在官方网站或营业场所、微信公众号等公开渠道公示企业授信准入主要条件、申请材料、一般办理时限和标准流程等内容。

(二)统一授信准入

按照法律法规、国家宏观调控和产业政策导向要求,对不同所有制形式的企业统一授信准入标准。同等申请条件下,对民营企业贷款申请不得额外设置或变相设置担保增信、搭售产品、收取费用等不平等条件,不得设置或变相设置区别于其他所有制形式企业的差别化条款。

(三)优化审批流程

建立并实施统一的适用于各类所有制形式企业的标准化授信审批流程,不得依据所有制形式不同设置或变相设置授信审批权限。民营企业贷款申请须补全资料的,应一次性告知补充资料内容和份数;不满足准入要求无法办理的,应明确告知原因,不得无理由拒办。

四、合理确定贷款要素

(四)科学测算贷款额度

综合分析民营企业的自有资金、经营规模、负债水平、现金流量、还款来源、资金循环周期等要素,科学测算民营企业授信额度并给予合理支持,不得随意压降民营企业贷款额度。

(五)合理设置贷款期限

根据民营企业贷款需求合理设置贷款期限,研发适合固定资产投资、技术更新改造、数字化转型等用途的中长期贷款产品,增加民营企业中长期贷款投放。

(六)精确测算贷款利率

完善成本分摊和收益分享机制,将贷款市场报价利率(LPR)内嵌到内部定价和传导相关环节。在企业规模、行业、现金流量、资产负债率、抵押担保等同等条件下,民营企业贷款利率不应高于其他所有制形式企业的贷款利率。

(七)客观评定信用评级

坚持评价中性原则,应依据企业基本面、财务数据、信用记录等反映企业实际经营情况的关键信息和其他相关信用信息,合理确定民营企业信用等级。在评级模型和指标设置中,不得区分所有制形式给予差别化赋分。在同一评级体系下,民营企业享受的授信额度、利率定价、担保方式、还款安排等金融服务标准应与其他所有制形式企业保持一致。

(八)规范贷款担保条件

同等条件下,对不同所有制市场主体贷款的担保要求应当保持一致。在企业法人财产与股东个人财产有效分离的前提下,民营企业正常生产经营活动产生的现金流量以及提供的担保物价值等条件已符合贷款审批条件的,不得再违法要求该企业法定代表人、股东、实际控制人、董事、监事、高级管理人员及其近亲属等提供保证担保。对民营企业提供的抵质押物,要参照市场公允价值、市场成交价格或请有资质的第三方评估机构进行评估定价,不得根据所有制形式区分评估价格和抵质押率。

五、有效提升金融服务

(九)加大信用贷款投放

注重"第一还款来源",对信用程度高、财务管理规范、经营状况良好的民营企业加大信用贷款投放。充分运用大数据、区块链、云计算等数字技术,依托产业链核心企业交易情况以及物流、信息流、资金流等信息,创新无须抵押担保的线上信用贷款产品。

(十)积极做好首贷服务

在风险可控的前提下,不应对民营企业首次申请贷款设置或变相设置区别于其他所有制形式企业的差别化条款。合理下放首贷授信审批权限,简化贷款审批流程,扩大民营企业融资覆盖面。深化银担、银保、银政合作,提升民营企业融资可得性。

(十一)主动提供续贷服务

贷款到期前,应主动与民营企业沟通续贷事宜,稳定融资预期,对于经营正常、履约意愿和履约能力良好的民营企业不得随意取消续贷承诺。推广随借随还、无还本续贷、年审制贷款等创新产品,降低民营企业续贷成本。对有市场、有订单、有技术、有信用但因外部原因暂时遇到困难的企业,不得随意停贷、压贷、抽贷、断贷。允许将符合条件的民营企业续贷贷款纳入正常类贷款。

(十二)严格服务收费标准

严格执行"七不准""四公开"要求,强化落实"两禁两限"规定,除银团贷款外,禁止向民营企业贷款收取承诺费、资金管理费,严格限制收取财务顾问费、咨询费,严禁以贷转存、存贷挂钩、浮利分费、借贷搭售等变相抬高民营企业实际贷款成本的违规行为。

六、全面加强风险管理

(十三)准确划分贷款质量

强化民营企业贷款全生命周期的穿透式风险管理,根据借款人的实际还款能力、还款记录、还款意愿、贷款担保等因素判断借款人及时足额归还贷款本息的可能性,按照统一规则对民营企业贷款质量进行全面、及时和准确划分,不得因企业所有制形式不同设置差别化的划分方法、程序和要求。

(十四)落实尽职免责制度

完善尽职免责认定标准和流程,对本机构信贷人员为不同所有制市场主体办理贷款的尽职免责标准应当保持一致,不得因企业所有制形式不同设置差别化的认定标准和流程。对符合法规和政策要求、不涉及操作风险和道德风险,但因还款期内重大疾病、意外事故、自然灾害等客观原因导致贷款出现风险的,应给予减责或免责。

(十五)畅通内部申诉渠道

设立内部问责申诉部门,畅通申诉渠道,为被问责人员在本行提起申诉提供便利。处理申诉部门应与责任认定部门相互独立。对问责申诉限时答复。

(十六)创新风险处置方式

拓宽清收处置渠道,创新不良贷款市场化处置方式,通过自主核销、批量转让等渠道,加快民营企业不良贷款处置进度。

七、着力健全配套政策

（十七）加强民营企业培育

行业主管部门应引导民营企业树立守法合规、诚信经营的理念，完善法人治理，健全财务制度，专注发展主业，控制融资杠杆，增强自身融资和抗风险能力。

（十八）推动信用信息共享

金融管理部门和行业主管部门应在保障信息安全和民营企业合法权益的前提下，推动企业纳税、社保、用水、用电等反映民营企业实际经营情况的关键信息共享，并向金融机构开放授权查询。完善金融信用信息基础数据库建设和应用，加大市场化征信、信用评级机构培育，结合数据经济发展，创新征信产品和服务。

（十九）优化社会信用环境

金融管理部门、行业主管部门和司法部门建立常态化工作协调机制，优化社会信用环境。推进公共领域信用体系建设，依法合规开展守信联合激励和失信联合惩戒。严厉打击企业逃废债行为，强化诚信文化宣传和教育，营造良好的金融生态环境。

（二十）优化融资担保服务

政府性融资担保机构应突出业务准公共产品属性和政策性，主要服务于民营小微企业和"三农"。对民营企业贷款提供的担保增信条件、担保费率、审核流程、办理程序、反担保要求应与其他所有制形式企业保持一致。不得针对不同所有制形式企业设置或变相设置歧视性的担保准入和办理条件。提高动产和权利担保登记效率。

(二十一)加强部门联动协作

金融管理部门和行业主管部门加强政策协同和工作联动,建立常态化联络和议事协调机制,疏通政策传导机制。

(二十二)强化跟踪评估督查

金融管理部门对银行业金融机构落实"两个一致"情况持续开展督查,并将执行情况纳入金融机构综合评价和监管评级等。金融管理部门查实银行业金融机构因所有制形式不同设置不平等贷款标准或者条件的,责令相关金融机构改正,情节严重的,对直接负责的主管人员和其他责任人员依法追究责任,确保"两个一致"各项政策措施落实到位。

(二十三)推动政策贯彻落实

银行业金融机构要加强对本意见的学习宣传和贯彻实施,全面开展自查清理,对民营企业贷款中可能存在的歧视性规定与条款、隐性壁垒立即进行修订或废止,完善内部相关制度、办法、细则和操作流程等,及时向金融管理部门反映工作进展和问题。

本意见所称民营企业,是指除国有独资企业、国有资本控股企业和外商投资企业以外依法设立的企业。本意见所称民营企业贷款,是指银行业金融机构向民营企业法人发放的各类贷款,不含直接向民营企业主等自然人发放的个人经营性贷款。

本意见所称"两个一致",是指在同等申请条件下,银行业金融机构对不同所有制市场主体的贷款利率、贷款条件应当保持一致,对本机构工作人员为不同所有制市场主体办理贷款的尽职免责条件应当保持一致,不得因所有制形式不同设置或者变相设置不平等的融资标准或者条件。

本意见由人行杭州中心支行、浙江银保监局、省经信厅、省地方金融监管局负责解释,自文件印发之日起实施。

中国人民银行杭州中心支行 中国银行保险监督管理委员会浙江监管局 浙江省农业和农村工作领导小组办公室 浙江省财政厅关于进一步提升金融服务乡村振兴质效加快建设农业农村现代化先行省的指导意见

杭银发〔2021〕91号

为贯彻落实《中共中央 国务院关于全面推进乡村振兴加快农业农村现代化的意见》《人民银行等六部委关于金融支持新型农业经营主体发展的意见》和《中共浙江省委 浙江省人民政府关于高质量推进乡村振兴争创农业农村现代化先行省的意见》,将更多金融资源配置到农业农村发展的重点领域和薄弱环节,强化农业农村优先发展的金融保障,推动共同富裕,根据省委、省政府关于高质量推进乡村振兴争创农业农村现代化先行省的工作部署,现就进一步提升金融服务乡村振兴质效提出如下意见。

一、提高政治站位,高度重视乡村振兴领域的金融服务工作

(一)总体要求

农业农村是经济社会稳定发展的"压舱石",金融服务乡村振兴既是金融服务实体经济的重要体现,也是争创社会主义现代化先行省的重要支撑,更是中国特色社会主义新时代赋予金融系统的社会责任和历史使命。各部门要紧密围绕新发展阶段农业农村优先发展的金融需求,完善政策、

产品、服务和组织体系,将更多金融资源配置到农业农村现代化建设的重点领域和薄弱环节,提升金融服务乡村振兴质效,全面促进农业高质高效、乡村宜居宜业、农民富裕富足,助力我省高质量发展建设共同富裕示范区。

(二)目标任务

强化乡村振兴战略的金融资源保障。到 2025 年,现代农村金融政策体系、产品体系、服务体系和组织体系全面建立,城乡金融服务差距明显降低,金融服务乡村振兴能力和水平显著提升,农业农村发展的金融需求得到有效满足。各金融机构要立足自身特点和优势,持续增加乡村振兴资源投入。涉农金融机构要单列支农信贷计划,确保涉农贷款增速高于各项贷款增速,农户贷款和新型农业经营主体贷款较快增长。力争 2021—2025 年,全省涉农贷款新增 2 万亿元,农户贷款新增 1 万亿元。

二、聚焦重点领域和薄弱环节,持续加大金融资源投入

(三)加大对重大产业项目的金融支持

围绕"米袋子""油罐子""菜篮子"等粮油和重要农产品生产保供,加大对种粮种油大县、种粮产粮大户、种油产油大户、生猪养殖场(户)、流通主渠道企业等重点地区和群体的金融支持。推动农业科技与资本有效对接,持续增加现代种业提升、农业"机器换人"、冷链物流、农业科技创新和成果转化的金融资源投入。主动对接现代农业农村重大项目尤其是省市县长项目、省市县三级乡村产业储备库,加大流动资金贷款和中长期贷款投放。鼓励金融机构加大对粮食生产功能区、现代农业园区、农村产业融合发展示范园、特色农业产业强镇、休闲乡村、农家乐集聚村等集群发展平台的支持,通过批量授信等模式实现批量融资支持。

(四)拓展农村地区绿色金融创新业务

深入践行"绿水青山就是金山银山"理念,用好央行碳减排支持工具,积极推动绿色信贷业务向农村地区延伸,重点加大对绿色农业、循环农业、

生态保护、美丽乡村迭代升级、农村人居环境整治和污染防治、生活垃圾收运处置等领域的金融支持力度。推广林权抵押贷款、生态公益林补偿收益权抵押贷款、"美丽乡村贷"、"美好家园贷"，探索"生态系统生产总值（GEP）生态贷"、碳汇质押贷款等创新品种，鼓励针对具有显著正气候效应的项目开发特色绿色信贷产品。支持符合条件的农业龙头企业在银行间市场发行碳中和债等绿色债务融资工具，支持金融机构发行绿色金融债，提高绿色信贷投放能力。

（五）拓宽乡村振兴领域直接融资渠道

加大对企业债务融资工具在农村地区的宣传推广力度，支持符合条件的优质农业企业、农村项目在银行间市场发行乡村振兴票据等涉农债务融资工具，力争全省农村地区债务融资工具发行规模明显提升。支持地方法人金融机构发行"三农"专项金融债券，增强金融机构服务乡村振兴实力。

（六）支持山区 26 县跨越式发展和低收入农户增收致富

有效发挥央行扶贫再贷款资金作用，根据低收入农户需求提供展期和续贷服务，保持金融支持政策的稳定接续，增强山区 26 县、低收入农户的"造血能力"。充分发掘地区特色资源，引导金融机构围绕农业与旅游、养老、健康等产业融合发展，满足对返乡农民工、下山安置户、水库移民等低收入农户生产、创业、就业、就学等合理贷款需求，促进脱贫攻坚成果同乡村振兴有效衔接。落实创业担保贷款贴息政策，降低低收入农户创业融资成本。加强与村级集体经济组织的融资对接，加大对集体经济年经营性收入 15 万元以下行政村的金融支持，支持村级集体经济依法开发集体土地、山林、水域等资源，巩固拓展"消薄"成果。

（七）推进农业保险高质量发展

加强农业保险经营条件管理，推动完善政策性农险产品体系，探索发展完全成本保险和收入保险，推广价格、气象等指数保险，积极发挥涉猪类保险保障功能，鼓励因地制宜开发地方特色农险产品保险，持续推进农险提标、扩面、增品。鼓励发展保额补充等商业性农险。探索农业产业链保障，不断推动创新和扩面新型农业经营主体、现代农业产业、涉农设施等领域的险种。拓宽农业保险服务领域，推动开展覆盖农村的巨灾保险试点，深化生猪保险与无害化处理联动机制，发展环境污染责任险等绿色保险。

（八）提升农村地区人身保险发展水平

推动普惠性质商业补充医疗保险在县域的深化扩面。支持保险公司面向返乡入乡创业群体、低收入人群、残疾人等特定对象丰富保险产品和服务供给，在费率定价、保障范围等方面向农村地区适当倾斜。推动保险公司积极探索以社会保险经办机构为主体、商业保险公司为补充的城乡居民基本养老保险经办服务，不断提升保险服务质效。

三、推动金融产品和服务创新，满足乡村振兴发展多样化融资需求

（九）推动贷款审批权限向县域农村地区下放

鼓励国有大型商业银行设立普惠金融部、"三农"金融事业部等服务乡村振兴的内设机构，完善运行机制，提高农村金融服务覆盖面和信贷渗透率。深化"三张清单"金融服务机制，推动股份制银行和城市商业银行加大对县域机构的政策和资源倾斜，下放贷款审批权限，将涉农贷款不良容忍度与尽职免责制度挂钩，激发县域基层机构支农活力，逐步提高县域存贷比并保持在合理水平。省农信联社要指导全省农信系统发挥农村金融主力军作用，坚持服务县域地位不动摇，强化支农支小服务功能，向乡镇延伸服务触角。

（十）支持新型农业经营主体加快发展

各级农业农村部门要健全新型农业经营主体名单发布制度，建立家庭农场名录制度，定期将发展前景好、信贷需求强、信用记录好的新型农业经营主体名单通过浙江省企业信用信息服务平台、浙江省金融综合服务平台等，推送给金融机构，为金融机构加大支持提供便利。积极拓宽农业农村

抵质押物范围,支持农机具和大棚设施、活体畜禽、养殖场整体设施以及农业商标等依法合规抵质押融资。各金融机构要针对新型农业经营主体融资需求和特点,开发随贷随用、随借随还产品和线上信贷产品,加大首贷、信用贷款、无还本续贷和中长期贷款投放。

(十一)推动首贷户在农村地区扩面增量

针对农业经营风险高、涉农主体抵押担保不足、城乡金融服务差距较大等短板,以"贷款码"推广应用为抓手,扎实开展"首贷户拓展三年行动",夯实"135"金融服务机制,提升涉农主体的融资覆盖面和满意度。鼓励各地结合当地农业农村发展实际,梳理涉农主体无贷户名单,组织金融机构强化融资对接服务。鼓励金融机构充分整合内外部信息,与各地探索建立的以农村土地和生产经营数据为核心的数据库和信用信息融资服务平台加强对接,创新首贷产品和服务模式。

(十二)实现农户小额普惠贷款授信服务全覆盖

完善农户小额普惠贷款"无感授信、按需增信、随时用信"的模式,稳定覆盖率,提高服务质量和效率。通过发放纸质告知书、上门走访等形式,多渠道多维度做实"有感反馈",做好"足额、便捷、便宜"的用信服务引导,提升农户用信比例。打通金融与道德联系,推广"党建+金融"服务模式,引导道德积分、垃圾分类等道德荣誉直接转换为授信额度,助力增强乡村基层社会治理能力。

(十三)做好农村产权制度改革金融服务工作

配合农村土地制度改革和农村集体产权制度改革,促进多种形式的农业适度规模经营。积极推广农村承包土地经营权抵押贷款业务,提高贷款期限和额度,2021年底前争取涉农县全覆盖。积极配合新一轮农村宅基地制度改革国家试点工作,稳慎开展农民住房财产权抵押贷款业务。探索开展集体经营性建设用地使用权、农村集体资产股权等抵质押贷款业务,促进土地资产与金融资源的有机衔接。加快推动农村产权归属界定、价值评估、流转交易、处置变现等配套机制和平台建设。

(十四)鼓励发展农业供应链金融

积极对接全省农业示范性全产业链,创新订单、仓单、存货、应收账款融资等供应链金融产品,加大对农产品生产、加工、流通、储藏及物流配送等环节的金融支持。在有效防范风险的前提下,综合运用信贷、债券等工具,支持农业供应链核心企业提高融资能力和流动性管理水平。鼓励农业化龙头企业、农民合作社及联合社为其带动的家庭农场、农户等担保增信,依托核心企业提高供应链上下游农户的融资可得性。鼓励核心企业通过应收账款融资服务平台进行确权,为农业供应链上下游小微企业融资提供便利,推动降低融资成本。

四、加强农村金融基础设施建设,打通农村金融服务"最后一公里"

(十五)深化农村信用体系建设

充分调动金融机构、征信机构等市场力量,进一步优化农户、新型农业经营主体、农业龙头企业等农村经济主体信用信息归集与共享。持续推进信用户、信用村(社区)、信用乡(镇、街道)创建,力争到 2025 年底,创建信用村(社区)1 万个以上、信用乡(镇、街道)600 个以上。加大信用建设成果转化力度,指导金融机构利用信用建设成果创新信贷产品,通过信息、信用、信贷联动,提升农村地区金融服务水平。协同开展对农村地区失信经营主体的联合惩戒,鼓励自觉守信,优化农村金融信用环境。

(十六)全面提升农村地区支付服务水平

延伸"移动支付之省"建设,大力推动移动支付在县域公共服务领域应用,进一步推动移动支付应用下沉至县域、乡镇。因地制宜拓展农村应用场景,重点推进移动支付在特色产业、农产品收购等领域应用,深化移动支付方式办理银行卡助农服务。全面推进银行卡助农服务规范持续发展,优化服务点布局,扩大承办银行范围,将银行卡助农服务点打造成农村支付普惠服务平台,力争到 2021 年底,支持移动支付方式办理银行卡助农业务的服务点覆盖率达到 50％以上。结合农村生产、生活特点,创新移动支付产品和服务,满足农民多样化和农村产业发展支付需求。

五、加强政策协同和工作联动,完善金融服务乡村振兴的政策保障体系

(十七)加大央行货币政策工具的定向支持

每年安排专项再贷款再贴现资金,实现对乡村振兴重点领域和薄弱环节的精准滴灌。优先保障各级人民银行用于乡村振兴领域的再贷款需求,提高资金使用效率。灵活运用再贷款、再贴现、存款准备金等政策工具,加大对全国性银行分支机构和地方法人金融机构服务农业农村的支持力度。金融机构借用再贷款资金发放的涉农贷款,应给予利率优惠。持续落实普惠小微贷款延期还本付息和信用贷款支持计划两项工具,巩固提升延期率和信用贷款占比,实现央行资金对涉农企业、新型农业经营主体和小农户的精准直达。

(十八)充分发挥财政资金的支持和撬动作用

各级人民银行与银保监部门、当地农业农村局、财政局等部门要加强政策协同、资源集成和工作联动,形成部门合力,确保金融服务乡村振兴政策有效传导至金融机构。鼓励有条件的地区通过财政补贴、奖励、风险补偿、财政存款招投标等措施,激励金融机构加大乡村振兴资源投入。推动农业政策性担保体系建设,探索开展银担"总对总"批量担保业务,开发首贷担保产品,提高担保放大倍数,简化业务流程,优化担保服务,降低担保费率和反担保要求,持续提升涉农贷款覆盖面。

六、加强考核评估和宣传推广，推动金融服务乡村振兴政策落实到位

(十九)加强金融服务乡村振兴考核评估

各级人民银行要发挥牵头协调作用，根据《金融机构服务乡村振兴考核评估办法》，结合当地实际，会同各级银保监部门定期对金融机构服务乡村振兴的举措和成效进行考核评估，评估结果及时共享农业农村、财政等部门。各部门要加强沟通合作，动态掌握辖区金融服务乡村振兴的工作进展，及时发现和解决存在的问题，加强考核结果运用，对政策落实有力、工作成效突出的金融机构给予政策倾斜和激励；对政策落实不到位的金融机构，视情况进行约谈、通报，推动政策落实到位。

(二十)加强金融服务乡村振兴经验推广

各级人民银行要会同各级银保监部门、当地农业农村局、财政局等部门及时向当地政府报告金融服务乡村振兴工作进展，积极争取政策支持。鼓励湖州市、衢州市绿色金融改革试验区在金融服务乡村振兴领域先行先试，尽快形成可复制推广的经验。各级人民银行和各金融机构要定期梳理金融服务乡村振兴的创新做法和典型经验，加强宣传推广。

中国人民银行杭州中心支行

中国银行保险监督管理委员会浙江监管局

浙江省农业和农村工作领导小组办公室

浙江省财政厅

2021 年 7 月 14 日

中国人民银行杭州中心支行等 9 部门关于金融赋能山区 26 县跨越式高质量发展助力共同富裕示范区建设的实施意见

杭银发〔2021〕156 号

为深入贯彻党中央、国务院关于支持浙江高质量发展建设共同富裕示范区的决策部署，认真落实省委、省政府加快推进山区 26 县跨越式高质量发展和人民银行总行工作要求，现提出如下意见。

一、总体要求

（一）指导思想

以习近平新时代中国特色社会主义思想为指导，全面贯彻落实习近平总书记关于推动共同富裕的重要论述精神，完整、准确、全面贯彻新发展理念，立足 26 县发展基础和特色优势，积极参与新型帮扶共同体建设，加大金融资源投入，创新金融产品和服务，强化多部门政策协同和工作联动，助力山区 26 县农业高质高效、乡村宜居宜业、农民富裕富足，加快推动山区 26 县跨越式发展，为我省高质量发展建设共同富裕示范区提供有力金融支撑。

（二）基本原则

——坚持一县一策、因地制宜。鼓励山区 26 县立足区域发展实际和特色优势，谋划好"一县一策"，做大做强"一县一业"，因地制宜、分类施策，探索形成特色化金融支持方案,加强典型经验的总结宣传推广。

——坚持市场主导、政策扶持。充分发挥市场机制作用,统筹各部门政策合力,综合运用产业政策、金融政策,用好财政奖补激励措施,推动形成市场化、可持续的金融支持山区 26 县发展模式。

——坚持普惠发展、共建共富。完善农村基础金融服务,推广数字普惠金融,实现普惠金融服务扩面增量降本提质,城乡金融基础设施和服务差距明显缩小,提高山区 26 县金融服务覆盖率和涉农主体获得感。

——坚持绿色导向、创新引领。发挥山区 26 县作为浙江省美丽大花园建设核心区域的突出优势,以生态价值转化为抓手,在依法合规、风险可控的前提下推动绿色金融创新,有力支撑碳达峰、碳中和目标。

(三)主要目标

到 2025 年,山区 26 县金融政策、产品、服务和组织体系全面建成,金融发展水平明显提升,城乡金融服务差距明显缩小,山区 26 县自我发展能力明显增强。

——融资总量较快增长。2021—2025 年,累计安排不低于 500 亿元央行再贷款再贴现资金专项支持山区 26 县,银行间债券市场五年累计发行规模达 300 亿元,对乡村振兴、绿色低碳、科创领域的发债支持力度明显加大。2025 年末,力争山区 26 县社会融资规模存量超 2.5 万亿元,各项贷款余额达到 2 万亿元,各项贷款增速高于全省平均水平,融资总量在全省占比与地区生产总值在全省占比基本匹配。

——信贷结构持续优化。2021—2025 年,力争山区 26 县制造业、绿色、小微、涉农贷款余额分别新增 1200 亿元、1500 亿元、2500 亿元和 5000 亿元,农户小额信用贷款余额新增 500 亿元。普惠小微首贷、信用贷占比稳步提升,小微企业综合融资成本稳中有降。

——资源资产有序盘活。2021—2025 年,山区 26 县企业抵质押物范围进一步扩大,商标权、专利权、碳排放权、用能权等无形资产抵质押贷款占比显著提升。2025 年末,力争山区 26 县农村"三权"(农村承包土地的经营权、农民住房财产权、林权)、农村集体经营性资产股份、农村集体经营性建设用地使用权等抵质押贷款余额合计 120 亿元以上,农机具和大棚设施、活体畜禽、养殖圈舍、旅游项目特许经营权、收费权等抵质押贷款业务增量扩面。

——金融基础服务提档升级。2025 年末,山区 26 县农户信用档案建档率达 90% 以上,力争银行卡助农服务点实现行政村全覆盖且 80% 以上服务点可移动支付方式办理业务,移动支付示范县(市、区)稳步增长,覆盖率达 15% 以上。

——贷款审批权限进一步下放。2021—2025 年,各省级金融机构要向山区 26 县网点积极下放单户授信 500 万元以下普惠型农户经营性贷款、30 万元以下农户信用贷款审批权限,力争实现符合条件的县域分支机构贷款审批权限与市级分支机构一致。积极发展线上"云审批"模式,对山区 26 县的贷款申请实现快速审批。

二、不断加大金融资源投入

(一)设立 26 县央行资金专项

"十四五"期间,灵活运用再贷款、再贴现等政策工具,加大对全国性银行分支机构和地方法人金融机构服务山区 26 县的支持力度。在保持原有央行低息资金支持力度的基础上,设立 500 亿元的 26 县专项资金,精准直达 26 县小微企业、新型农业经营主体、小农户和低收入农户等群体。

(二)强化重大项目资金保障

各金融机构要积极对接山区 26 县牵引型重大项目建设行动,动态跟踪重大项目建设清单和进展,制定与项目建设周期和特点相匹配的融资方案,主动做好金融服务。开发性银行、政策性银行和各国有商业银行要在重大基础设施项目、产业项目等重点领域的金融保障中发挥重要骨干作用。各级人民银行要加强与当地相关部门的工作协同,充分发挥浙江省企业信用信息服务平台的融资对接功能,推动重大项目尽快落地见效。

（三）加快直接融资发展

建立山区 26 县债券发行"绿色通道"，支持符合条件的企业发行碳中和债等债务融资工具，力争实现银行间债券市场五年累计发行 300 亿元。建立山区 26 县企业上市培育机制，支持符合条件的企业在上海证券交易所、深圳证券交易所、北京证券交易所上市。鼓励上市公司、证券公司等市场主体设立或参与产业投资基金，通过注资、入股等方式支持山区 26 县发展。支持山区 26 县地方法人金融机构发行"三农"、绿色专项金融债券，增强金融机构服务乡村振兴实力。

（四）下放山区 26 县贷款审批权限

深化"授权、授信、尽职免责"三张清单金融服务机制，推动各类金融机构尤其是大型国有商业银行、股份制商业银行在山区 26 县增设机构网点，下放贷款审批权限，提高县域存贷比。各省级金融机构要向山区 26 县县域网点积极下放单户授信 500 万元以下普惠型农户经营性贷款、30 万元以下农户信用贷款审批权限，积极发展线上"云审批"模式实现快速审批，提高融资效率，缩短融资链条，符合条件的县域分支机构贷款审批权限与市级分支机构一致。中国邮政储蓄银行、农信系统、村镇银行要强化支农支小战略定力，充分发挥支农主力军作用，向乡镇、农村延伸服务触角。

三、精准支持产业加快发展

（五）提升"双强行动"服务水平

各金融机构要围绕科技强农、机械强农"双强行动"，加大对农业科技研发和成果转化、先进适用农机具研发制造等领域的信贷投放力度。对符合条件的基础性研究和重大产业项目，在授信总额、贷款期限、利率水平、还款要求等方面开辟"绿色通道"，加大中长期融资支持。鼓励天使投资、风险投资、创业投资基金加大对种子期、初创期种业企业和农业关键核心技术攻关企业的资金投入。

（六）加大特色产业支持力度

围绕"一县一业"，引导金融机构运用信贷、债权、股权、租赁等多种方式，重点支持文成大健康、平阳新产业新装备、武义新能源材料、常山"两柚一茶"等产业发展，助力打造百亿级规模特色优势产业，支持山区26县做大产业扩大税源。推动期货公司为山区26县企业、农业经营主体提供风险管理服务，优化套期保值审批流程，减免套期保值交易、交割和仓单转让手续费，助力企业、农业经营主体应对原材料、农产品价格大幅波动风险。

（七）助力文旅融合发展

各级人民银行要会同当地文化旅游、农业农村等部门，深入挖掘26县历史文化、红色文化、农耕文化等资源，引导金融机构加大对乡村旅游、生态旅游、康养旅游、研学旅游、红色旅游等文旅融合发展支持力度。加大对省级以上文化产业示范园区基地、梯度培育企业及重点文旅项目的信贷支持。针对黄酒、青瓷、茶叶、中草药、食用菌、宝剑、石雕、文房等特色产业，量身定制融资方案，扶持各地非物质文化遗产传承项目。依托"互联网＋文化赋能行动"，为直播销售提供资金支持，推动网红直播经济等新业态加快发展。

（八）推动"飞地"平台载体建设

各金融机构要围绕"产业飞地""科创飞地"，整合信贷资源，优化服务模式，加大对"飞地"建设的支持力度。要深入探索"消薄飞地"的股权投入、收益分配等方式，开发与之契合的金融支持方式。"飞入地"和"飞出地"人民银行要加强与当地相关部门的协作，指导金融机构探索运用金融科技，突破地域限制，加大对山区26县产业链上下游、新技术新产品新业态应用工程等金融支持。

（九）支持新型农业经营主体加快发展

开展"山区26县新型农业经营主体首贷户拓展专项行动"，各级人民银行要会同农业农村部门建立新型农业经营主体金融支持名单,组织金融机构走访评估,对符合条件的进行初次授信。支持金融机构针对家庭农场、农民合作社、农业产业化龙头企业等新型经营主体特点,开发专属金融产品,增加首贷、信用贷、无还本续贷。围绕"十万农创客培育工程(2021—2025 年)",大力推广创业担保贷款,加大对农创客的金融支持力度。

(十)加大结对村产业帮扶力度

各级人民银行要认真落实帮扶责任,持续加大工作力度,聚焦产业帮扶,在组织领导、干部选派、资金投入、工作创新方面积极推进,促进结对帮扶工作深化提升。针对集体年经营性收入 10 万元以下的集体经济相对薄弱村的融资需求,发挥央行资金导向作用,及时提供展期和续贷服务,保持金融支持政策的稳定接续,巩固拓展脱贫攻坚成果同乡村振兴有效衔接。

四、持续深化金融改革创新

(十一)深化山区金融改革创新

依托国家级区域金融改革试验区,加大金融体制机制和产品服务创新,构建"一县一品"区域金融服务示范品牌,助推山区县跨越式高质量发展。支持台州争创小微金融改革创新示范区,强化地方小法人银行支农支小功能。支持丽水争创普惠金融服务乡村振兴改革试验区,探索金融支持生态产品价值实现的有效路径。支持温州深化金融综合改革,推广农民资产授托代管融资模式。支持衢州深化绿色金融改革,加大碳账户金融场景应用,探索金融支持经济绿色低碳转型的模式路径。

(十二)深化农村产权改革金融服务

积极推广农村承包土地经营权抵押贷款业务,依法依规稳妥开展农民住房财产权(含宅基地使用权)抵押贷款试点,提高贷款额度,延长贷款期限。推广林权、生态公益林补偿收益权抵押贷款,探索开展农村经营性建设用地使用权抵押贷款、农村集体经营性资产股份质押贷款。推动农村产权确权登记发证、价值评估、流转交易、处置变现等配套机制建设。

(十三)推动绿色金融创新发展

用好央行碳减排支持工具,重点为清洁能源、节能环保和碳减排技术等重点领域内具有显著碳减排效应的项目提供优惠利率融资。积极推动绿色信贷业务发展,加大对生态产业、绿色农业、生态保护、农村人居环境整治等领域的金融支持力度,推广碳排放配额、排污权、用能权、用水权、碳汇等抵质押贷款产品。配合全省生态产品价值实现工作,推动建立健全生态产品价值核算应用体系和市场交易体系,持续拓宽可用于抵质押的生态产品种类,积极探索金融助推生态产品价值实现路径。

(十四)促进对外贸易投资便利化

加强对山区 26 县外贸主体的涉汇服务,深化"外汇联络员行动"。支持国际贸易新业态发展,支持银行为跨境电商提供更加丰富的跨境结算工具和产品。探索开展银行转变贸易真实性审核方式试点。强化跨境投融资支持,支持山区 26 县企业利用境内外"两个市场、两种资源",融入境外低成本资金,持续推动资本项目外汇收入支付便利化扩面增效。优化相关跨国公司跨境资金集中运营业务。

五、有效提升基础金融服务

(十五)深化农村信用体系建设

充分调动金融机构、征信机构等市场力量,进一步优化山区 26 县农户、新型农业经营主体、农业龙头企业等农村经济主体信用信息归集与共享。鼓励有条件的地市推动地方征信平台积极对接地方农业数字化应用场景,创新数字化、线上化农村金融服务,提升金融服务质效。持续推进信用户、信用村(社区)、信用乡(镇、街道)创建。推动金融机构利用信用建设成果创新信贷产品,发挥动产融资统一登记公示系统作用,深度盘活山区 26 县农村动产资源。协同开展对农村地区失信经营主体的联合惩戒,优化农村金融信用环境。

(十六)推进银行卡助农服务规范发展

推动银行卡助农服务点在山区 26 县行政村全覆盖,大力培育四星级以上服务点,深化移动支付方式办理银行卡助农服务,丰富服务点农户小额普惠贷款预约受理、农户保险产品宣传、第三代社保卡预约受理等金融服务功能。组织山区 26 县开展"移动支付应用示范县(市、区)"创建活动,重点推进移动支付在涉农领域和民生领域应用。畅通金融消费者投诉渠道,开展金融知识宣传,加强金融消费者权益保护。

(十七)强化山区金融科技赋能

夯实"135"金融服务机制,促进"贷款码"推广应用提质增效,提升涉农主体的融资可得性和便捷性。扎实开展金融科技赋能乡村振兴示范工程,鼓励金融机构将物联网、区块链等新技术嵌入农产品生产、交易、加工、物流、仓储等全生命周期,推动农业供应链资金流、商流、物流深度融合。发展山区 26 县农村数字普惠金融,建立农业农村大数据体系,推动涉农数据跨领域共享应用,助推农村金融服务普惠化发展。完善农户小额普惠贷款"无感授信、按需增信、随时用信"模式,提升农户用信比例。

六、协同发挥部门政策合力

(十八)建立部门协同机制

各级人民银行要在金融赋能山区 26 县跨越式高质量发展工作中发挥牵头作用,主动与当地相关部门加强政策协同和工作联动,结合 26 县自然条件、资源禀赋、产业基础、生态功能等,编制金融支持"一县一方案",推动资源和政策集成,形成工作合力。鼓励有条件的地区建立风险补偿机制,激发金融机构积极性。各金融机构要依托普惠金融部、"三农"金融事业部等内设部门,建立专项工作机制,统筹优惠政策、信贷资源、费用安排和人员调配,加大工作推进力度。支持人才向山区 26 县流动,鼓励金融机构对符合条件的山区26县人才给予优惠利率贷款支持。

(十九)组建"金融联络员"队伍

按照属地负责、网格化管理的原则,以金融机构为主体,人民银行、发改、农业农村等部门共同参与,选派熟悉金融业务的干部作为"金融联络员",开展山区26县村镇、乡居实地走访,深入了解当地优势特色产业、村集体经济、涉农企业及农户基本情况,加强金融知识和政策宣传,推动建成金融教育示范基地,量身定制融资解决方案,确保金融支持山区26县政策举措落实落地落细。温州市要继续深化共同富裕金融专员派驻制度。

(二十)建立统计监测机制

人行杭州中心支行建立金融支持山区26县工作的专项金融监测机制,掌握贷款、发债、股权融资、基础金融服务等情况的监测分析。山区26县所在市的当地人民银行要建立相应机制,定期跟踪各县金融支持工作进展和成效,推动政策举措快速落地,协调解决金融诉求,及时向上反映新情况、新问题。

(二十一)强化考核评估应用

金融支持山区26县工作纳入金融机构服务乡村振兴考核评估,评估结果及时与相关部门共享。加强考核结果运用,对政策落实有力、工作成效突出的金融机构给予政策倾斜和激励;对政策落实不到位的金融机构,视情况进行通报、约谈。各金融机构要于2022年1月20日前向人行杭州中心支行报送"十四五"期间金融支持山区26县的目标和政策举措,以及2022年工作目标和重点任务。

(二十二)加强成效宣传推广

各级人民银行要会同当地相关部门及时向当地党委、政府报告金融支持山区26县工作进展。各金融机构要定期梳理金融支持山区26县的创新做法、典型模式和经验,充分利用传统媒体、新媒体平台等加强宣传推广,并及时报送工作进展情况。人行杭州中心支行将定期会同相关部门向省委、省政府报送金融支持山区 26 县服务成效。

中国人民银行杭州中心支行

中国证券监督管理委员会浙江监管局

浙江省发展改革委

浙江省农业农村厅

浙江省经信厅

浙江省生态环境厅

浙江省文旅厅

浙江省科技厅

浙江省财政厅

2021 年 12 月 17 日

中国银保监会浙江监管局 浙江省经济和信息化厅 浙江省科学技术厅 浙江省财政厅 浙江省地方金融监督管理局 中国银保监会宁波监管局关于完善银行业保险业支持创新发展体系助力数字浙江建设和高水平创新强省战略的实施意见

浙银保监发〔2021〕1号

为贯彻党中央创新驱动发展战略，落实银保监会、省委省政府决策部署，立足新发展阶段，贯彻新发展理念，构建新发展格局，聚焦浙江三大科创高地，建立与科技创新需求相适应的专业化金融服务体系，打造科技与金融协同发展良好生态，强化战略科技力量，增强产业链供应链自主可控能力，支持浙江高水平创新型省份和"重要窗口"建设，现提出如下实施意见。

一、明确目标和服务重点

（一）突出支持重点

推动银行保险机构结合自身实际，制定金融支持创新发展战略和工作方案，完善服务机制，提升服务能力，提高金融服务战略性和精准度。聚焦浙江"互联网＋"、生命健康和新材料三大科创高地建设，抓企业主体、抓创新平台、抓技术攻关、抓创新生态，优化资源配置，加大重大科技创新金融支持。建立重点科技企业清单、单项冠军企业清单、重点项目清单和培育库"三单一库",推动信贷资源向科技型、创新型、成长型中小微企业倾斜,量身定做小微企业金融服务产品。加强产业链"卡脖子"技术、重大科技攻关、技术创新等重点项目以及传统制造业智能化改造提升中长期贷款投放,提升高技术制造业中长期贷款占比,加大对科技型中小微企业信用贷、首贷、续贷支持,创新科技保险服务。

(二)明确工作目标

力争 3～5 年内,打造一批金融支持创新发展领先的机构和地区,形成具有浙江特色、可复制推广的金融服务品牌和模式,对不同创新领域、不同周期企业形成差异化的金融支持路径。力争到 2025 年,全省科技企业贷款余额超 1 万亿元,科技保险覆盖面明显提升,助力实现科技型企业"双倍增",支持技术领先小微企业成长起来走向全国和全世界,推动企业创新发展,以市场运用培育新技术新业态,加快推进"数字产业化"和"产业数字化"。按年度制定重点工作事项和问题清单,轮次推进,逐一破解。

二、完善专业化金融服务体系

针对科技型企业尤其初创期科技企业"高成长、高风险、轻资产"("两高一轻")和"重技术、重人才、重未来"("三重")特点,着力构建与其特点相适应的专业化的金融业机构、产品服务和业务管理体系,专营专注,优化金融供给。

(三)完善多层次专营机构体系

推动条件成熟的银行机构通过组建科技金融事业部、科技支行等形式,充分发挥专业化经营优势。建立完善科技专营机构管理机制,提升客户拓展、产品创新等考核指标权重,提高风险容忍度,适度下放授信审批和产品创新权限。探索推进设立科创银行,专项服务科技企业和科创人才。推动符合条件的保险公司设立科技保险专营机构或部门,探索保险支持科技发展的有效路径、模式和产品。

（四）完善全周期科创产品体系

针对种子期、初创期科技企业，完善"人才贷"＋"人才险"配套服务，扩大试点地区范围。加大对基础研究、原始创新的长周期金融支持，推动"从0到1"转化。针对成长期、成熟期科技企业，加强对扩大规模再生产的融资支持，深化与资本市场有机衔接互动，提供上市规划、债券承销、财务顾问等综合性服务，支持企业多渠道融资。

（五）完善差异化业务管理体系

设置专职业务审批人员，采取专家联合信贷评审委员会等形式，提升审批效率和质量。完善针对科技企业信贷的考核激励机制，探索按周期、批量进行整体考核。实施单独的风险防控机制，给予科技金融更高的业务风险容忍度，制定落实尽职免责制度，完善认定标准和流程。

三、提高精准识别能力和金融服务水平

针对当前金融支持创新发展存在的"看不懂、看不准、看不透"等痛点，对接整合行业资源和专业机构，强化专业互补，增强大数据信息共享和运用，探索形成科技企业识别标准和方法，提高精准服务能力。

（六）有效整合行业资源深度合作

引导推动银行保险机构与之江实验室、甬江实验室以及浙江大学杭州国际科创中心等重大科研平台、产业孵化培育平台深化战略合作，发挥专家智库作用，共建共享、相互赋能，促进科技成果转化和产业化，共同推进浙江科技企业和实体经济高质量发展。深化与科技园区、科技企业孵化器和众创空间合作，联动开展"三服务"对接专项活动，建立常态化服务工作机制，增强信息共享和政策互动。建立主办行制度，统筹整合行业资源，有效对接和支持领军企业创新联合体组建，提供一揽子综合金融服务方案。

（七）有效联动对接第三方专业机构力量

推动银行业金融机构加强与创业投资机构、政府产业基金合作，共享

客户资源、调查结果,加强专业互补,提升风险识别能力,共同对接服务科技企业。支持资管产品依法合规投资创业投资基金和政府出资产业基金,引导保险资金投资创业投资机构。联动省高新技术企业协会、省创业投资协会,推动金融机构间深层次合作。以地方中小法人金融机构为主体,吸纳政策性、大中型金融机构在浙分支机构参与,搭建浙江金融支持创新发展服务联盟,加强资源共享与业务协作。

(八)形成科技企业信贷识别标准和有效方法

推动银行业金融机构加强科技企业成长规律研究和价值评估,明确科学合理的科创属性评价标准,科学评判企业。探索建立以创新能力、人力资本等为核心的科技企业信贷识别标准体系,构建科技企业专属的授信审批流程、信用评价模型。加快推进数字化转型,依托新型信息技术,提升数字风控能力。

(九)加强大数据信息共享和运用

推动银行保险机构充分运用各类科技企业数据资源,有效认定和标识科技创新类企业。深化金融科技和大数据运用,挖掘企业数据价值,广泛开发基于企业创新评价、信用信息、经营流量数据的科技金融产品。推进知识产权质押融资,开展"知识产权质押登记线上办理"试点,提供便民、高效的线上登记服务。依托浙江省金融综合服务平台,加强科技部门、金融部门科技企业相关数据信息共享,提高金融服务的精准性。

(十)建立和培养专业化人才队伍

支持银行保险机构加快培育金融支持创新发展复合型人才,全面参与营销、审批、风控等各个业务环节。打造专业化团队,开展细分市场行业研究。鼓励银行保险机构与重点科研平台、科创中心、科技园区等加强人才双向交流。依托银行业协会、保险行业协会及重点创新发展平台,广泛开展金融支持创新发展交流与培训。

四、完善风险收益匹配和风险分担机制

针对当前金融支持创新发展领域由于风险识别和管理机制不完善导致的"不敢做、不会做、不想做"等现实问题,探索和推进健全完善与科技金融风险相匹配的风险管理和风险分担机制,提升金融机构服务的意愿和可持续性。

(十一)完善和创新股债联动机制

鼓励银行业金融机构依法合规与创业投资机构、产业投资基金等开展"贷款＋外部直投""贷款＋远期权益"等业务。在提供信贷资金的基础上,以适当方式阶段性分享科技企业股权及其选择权收益。探索创新基于产业基金模式的股债联动业务,基金投资收益主要用于弥补银行不良贷款损失,有效平衡信贷风险与收益。

(十二)创新科技融资担保业务模式

加大政府性融资担保机构支持科技融资担保力度,在银担合作基础上,创新业务合作模式,引入多渠道资金,多元化分散融资风险,专项服务科技企业和科创人才,扩大科技担保覆盖面。

(十三)拓展保险服务科技领域的广度和深度

深化首台(套)保险补偿机制,加强宣传推动,扩大政策覆盖范围。稳步开展中小科技企业贷款保证保险、知识产权质押融资保证保险,推广"保险＋维权＋服务"知识产权保护模式。发展"人才创业险""创客保""科研保"等创新险种。加强以数据信息等无形资产作为标的保险产品创新。完善科技保险体系,进一步发挥专业科技保险法人机构作用。推动各保险公司发展适应科技创新的保险产品和服务,探索一揽子保险解决方案,建立新时代企业、保险共同成长的伙伴式关系。鼓励各地按照"政府推动、市场运作、稳步推进"的原则积极开展试点,引导保险机构创新科技保险新模式,及时总结试点经验,共同打造科技保险浙江样本。

五、创新服务模式,搭建金融支持创新发展实验平台

(十四)"一平台一方案"试点推进

支持有条件的银行保险机构结合自身的优势和特点,依托重点地区、重点科技园区、重点产业孵化和创新中心等,整合科技金融专营机构体系力量,搭建若干重点金融支持创新发展实验平台,深化"伙伴银行""伙伴保险"制度,打造金融支持科技创新发展空间,制定针对性金融服务方案,开发专项金融产品,持续迭代升级,探索金融服务创新发展的新路径、新模式。

(十五)创新实验平台管理机制

加强对重点金融支持创新发展实验平台资源对接整合和支持,创新金融服务工作机制和管理制度,实施创新企业、创新项目全流程闭环管理和风险管控。探索不同类型科技产业链条金融服务方式,完善创业导师辅导、智库专家咨询等配套机制,提高专业化服务水平。探索实验平台单独资源配置、单独业务准入、单独会计核算、单独考核评价"四单"管理机制,提高风险容忍度,加大政策支持力度。建立实验平台持续跟踪、监测和监管评估评价机制,总结复制推广一批好经验、好做法、好模式。

六、政银保企合作,打造科技与金融协同发展良好生态

(十六)强化政策协同和外部支持

各级金融管理部门、科技部门、产业部门和财政部门要深化合作,强化工作联动和政策协调。加强政策激励和协同促进,健全风险补偿、贷款贴息、保费补贴等机制,发挥财政资金引导放大作用。加强资源整合与对接,深化"政产学研金"合作。加强监管激励约束和创新支持,完善金融支持创新发展统计监测机制,探索开展监管评价。

（十七）打造金融服务创新发展示范区

支持杭州、宁波、温州国家自主创新示范区建设。推动杭州城西科创大走廊建设,深化科技与金融协同发展,推进科技信息共享与运用,推广"人才金融＋""科技积分贷"等试点经验,探索科技企业信贷准入识别方法等。支持宁波甬江科创大走廊建设,推动宁波国家保险创新综合试验区先行先试,创新金融服务产品及服务模式。支持嘉兴"浙江省科技金融改革创新试验区"建设,重点探索科技资金投入、产品服务创新、融资渠道拓宽、基础设施建设等方面。支持台州在科技保险领域先行先试,完善科技企业贷款保证保险风险补偿机制,深化知识产权保险、科技人才险等创新,形成示范效应。

中国银保监会浙江监管局

浙江省经济和信息化厅

浙江省科学技术厅

浙江省财政厅

浙江省地方金融监督管理局

中国银保监会宁波监管局

2021 年 1 月 13 日

中国银保监会浙江监管局 浙江省地方金融监管局关于印发《浙江银行业保险业支持高质量发展建设共同富裕示范区行动方案(2021—2025年)》的通知

浙银保监发〔2021〕198号

各银保监分局,各市金融办(局),各政策性银行浙江省分行,各大型银行浙江省分行、杭州分行,各股份制商业银行杭州分行,杭州银行、各城市商业银行杭州分行,浙江网商银行,省农信联社、杭州辖内各农村中小金融机构,杭州辖内各非银行金融机构,各保险公司,各保险公司省级分公司,省银行业协会,省保险行业协会:

现将《浙江银行业保险业支持高质量发展建设共同富裕示范区行动方案(2021—2025年)》印发给你们,请结合实际,认真组织实施。

附件:浙江银行业保障业支持高质量发展建设共同富裕示范区行动方案(2021—2025年)

中国银保监会浙江监管局

浙江省地方金融监管局

2021年9月28日

浙江银行业保险业支持高质量发展
建设共同富裕示范区行动方案
（2021—2025 年）

为深入贯彻落实党中央、国务院以及银保监会党委、浙江省委省政府关于高质量发展建设共同富裕示范区的相关要求，紧紧围绕高质量发展高品质生活先行区、城乡区域协调发展引领区、收入分配制度改革试验区、文明和谐美丽家园展示区"四大战略定位"，以助力解决地区差距、城乡差距、收入差距问题为主攻方向，更加注重金融资源向农村、基层、相对欠发达地区倾斜，向困难群众倾斜，探索推动浙江银行业保险业支持建设共同富裕美好社会，为实现共同富裕提供浙江示范，制定本行动方案。

一、主要行动目标

到 2025 年，浙江银行业保险业支持高质量发展建设共同富裕示范区取得实质性进展。浙江（不含宁波，下同）各项贷款余额超 19 万亿元，其中涉农贷款余额超 6 万亿元，普惠型小微企业贷款余额超 3.8 万亿元；保险深度达 5.7％以上，保险密度达 6800 元以上。融资畅通工程深入推进，实体经济金融服务更加高效、便捷；金融资源向重点领域倾斜，要素分配实现均衡、有效；配合建立多层次立体式的社会保障体系，助力实现基本公共服务均等化；数智化金融建设取得新突破，金融基础设施建设更加完善；金融推动共同富裕的体制机制和政策框架基本建立，形成一批可复制可推广的成功经验。

二、主要工作任务

（一）围绕夯实共同富裕经济基础，聚焦强链补链，强化金融保障，促进经济高质量发展

1.推动产业链供应链金融创新，夯实共同富裕产业基础。指导银行保险机构深入研究产业链运作模式和特点，按照"一企一链一策"制定差异化信贷支持措施；推动银行保险机构争取总部支持，为浙江产业链核心企业向全国及境外上下游配套企业延伸提供支持；会同经信部门建立强链补链重点企业培育库，加强对产业链金融安全的监测分析。支持杭州建设全国供应链创新与应用示范城市，推动在杭银行保险机构积极与供应链核心企业开展合作，为上下游中小微企业提供个性化、综合化金融服务。推动金融租赁公司专业化转型，加强对标志性产业链上企业在高端装备、技术升级改造、设备进出口等方面提供多样金融服务。推动符合条件的保险公司在浙江率先开展政策性内贸信用保险产品试点。

2.加大科技创新金融支持力度，为共同富裕提供内生动力。支持有条件的地方法人银行加强科技金融服务能力建设，向科创特色银行转型，完善科技金融服务体系。支持银行保险机构搭建金融支持创新发展实验平台，加快科技金融产品研发。完善风险收益匹配和风险分担机制，积极拓展政府增信类科创金融服务，深化投、贷、保联动，积极探索股债联动业务，规范认股选择权等新业务模式。深化基础数据库信息共享，加强高新技术企业和科技型中小企业金融服务对接。完善首台（套）装备、首批次新材料、首版次软件系列保险补偿机制，做好技术攻关过程中的风险保障。探索开展人才创业、知识产权相关保险，为科技创新、成果转化等提供保险支持。

3.加快构建数智化区域金融运行体系，助力浙江国家数字经济创新发展试验区建设。推动加大涉农、涉企公共信息，尤其是水电、纳税、社保、海关等流量数据向金融机构的共享力度。探索数字化小微企业园金融服务试点，探索"园区大脑"与数字化金融服务模块对接。探索浙江省金融综合

服务平台与产业链数据对接联动,全面提升产业链领域数据运用支撑。进一步推动政府性融资担保机构体系改革,探索政、银、保、担合作模式创新,推动"浙里掌上贷"与政府性融资担保机构在线担保平台对接,实现小额担保贷款全流程线上办理。深化健康保险领域数字化改革,推动医疗电子票据、电子病历等数据共享,通过"保险＋"推进医疗体系升级。推进法人银行机构单户对公不良贷款转让和个人不良贷款批量转让试点。

4. 提升制造业金融服务质效,全力支持制造强省建设。督促银行保险机构认真贯彻落实全省制造业高质量发展大会会议精神,持续推动《金融支持制造业高质量发展行动方案》深入实施,围绕七张制造业专项工作任务清单,优化制造业信贷资源配置、增强保险风险保障,打造新发展阶段浙江制造金融要素供给新优势。聚焦先进制造业金融服务,对接先进制造业与现代服务业深度融合、"雄鹰行动"、"放水养鱼"等各项产业政策,积极满足制造业企业中长期、多元化金融服务需求。联合地方政府因地制宜设计符合当地制造业出口企业特点与需求的联保方案,积极开发面向先进制造业企业尤其是装备制造业企业的产品责任保险产品,扩大保险覆盖范围。

(二)围绕探索共同富裕有效路径,聚焦薄弱环节,强化金融普惠,促进城乡协调发展

5. 精准滴灌小微企业、个体工商户及低收入群体。深化"4＋1"小微金融差异化细分工作,推动小微金融服务增量扩面。加大政策性银行转贷款投放力度,为小微企业提供较低成本的信贷资金。实施"百行进万企"活动升级版,精准对接小微企业融资需求。加强首贷户培育拓展,提升小微企业信用贷款占比,深化无还本续贷,提高市场主体金融获得感。加大对个体工商户、家庭作坊、流动商贩灵活就业者等市场主体的金融支持,加强工作成效监测、评价。创新金融产品,加强进城务工农民、农村创业人群金融服务。积极发放衔接推进乡村振兴小额信贷,推动低收入群体增收。

6. 加快推进山区 26 县金融扶持。实施银行业保险业支持山区 26 县跨越式发展专项行动,适时召开现场推进会。深化银行保险机构与山区 26 县"一对一"金融帮扶。加大 26 县金融资源倾斜与金融业务创新,先行示范金融服务农业农村共同富裕联合体。探索与"消薄飞地＋科创飞地＋产业飞地"建设相适应的审批机制、金融产品、服务模式。鼓励银行保险机构设立"共同富裕"专项资金，加大对 26 县农业农村基础设施投融资的中长期信贷支持。深入推进"农村青年创业伙伴计划"，结合浙江省乡村人才振兴计划，推动金融人才和金融产品对接。积极探索"生态资产权益抵押＋项目贷"、旅游景区经营权质押和门票收入质押贷款、集体经营性建设用地使用权抵押贷款等业务模式创新。

7.完善农村信用体系建设。推进农户精细化建档评级工作，推广农户家庭资产池融资模式，提高农户小额信用贷款占比。深入开展新型农业经营主体信用建档评级和融资对接工作，力争 2021 年底基本实现建档评级全覆盖，授信覆盖面逐年提升。对粮食、生猪和重要农产品供给领域经营主体提供针对性金融产品，建立绿色服务通道。

8.大力促进农村产权融资模式创新。配套深化农村宅基地制度改革，积极争取全省域试点开展农房财产权（含宅基地使用权）抵押贷款，探索创新农村宅基地使用权、农民住房财产权盘活模式。进一步推广集体经营性建设用地、土地承包经营权、农村集体经济组织股权、林权等抵押融资模式。开展温室大棚、养殖圈舍、农机具、生物活体等抵押融资创新。

9.不断完善农村政策性金融服务体系。推动国家开发银行、农业发展银行在业务范围内为乡村振兴提供中长期信贷支持，增强农村经济增长动力；发挥政策性农业保险功能，探索发展完全成本保险和收入保险，推广价格、气象等指数保险，因地制宜开发地方特色农险产品，发展保额补充等商业性农险。提升农业全产业链保险保障，提供涵盖成本、收益、财产、人身意外、安全生产等综合保险服务。开展"农业保险＋"行动，深化"保险＋期货"、"保险＋活抵"、"保险＋无害化处理"等模式，加强金融工具联动。推动农险直通车数字平台建设。

10.充分发挥保险防灾减灾功能。加快构建"保基本、保重点、保特色"巨灾风险保障体系，更好发挥保险业在灾害预警和减灾救灾中的作用。建立健全保险业台风暴雨等灾害应急协作机制，运用大数据、物联网等技术，通过绘制灾害风险地图、利用水浸监测等实施风险智能监控预警，提升各类地质灾害预警避险的精准性和有效性。创新"保险＋服务"模式,强化责任保险的风险管理功能和专业优势,助推重点领域风险减量管理。

(三)围绕推动中等收入群体双倍增计划,聚焦保险、理财,完善多层次保险保障体系,促进橄榄型社会发展

11.发展普惠保险,推动建立多层次保险保障体系。积极发展商业健康保险,建立健全"基本医保＋大病保险＋普惠型商业补充医保"的多层次医疗保障体系,有效化解"因病致贫""因病返贫",实现商保"一站式"结算,探索建立行业服务标准和商保用药目录指引。以开展专属商业养老保险试点为契机,积极推动构建浙江省第三支柱养老保障体系发展框架,有效衔接专属商业养老保险和个人税收递延型养老保险,不断创新丰富养老金融产品供给。积极探索长期护理保险试点,鼓励辖内政策性长期护理保险覆盖面稳步提升。面向新产业、新业态和灵活就业人员等,加快研究推出保险保障方案,不断扩大保险保障覆盖面。

12.拓宽投资渠道,促进居民财产性收入增长。提升理财资金运用研究、投资、运作能力,支持有条件的银行机构发起设立理财子公司,发挥专业化规模优势。探索建立适合农村家庭的财富管理方式,增加农民财产性收益。支持辖内法人银行机构、保险机构开发有针对性的理财产品和保险产品,为低收入人群提供多元投资理财选择与个人及家庭风险保障管理工具。

13.促进碳汇创收,拓展农村集体收入来源。以全国碳交易市场上线运行为契机,引导银行业金融机构加大林业碳汇金融产品创新力度,支持农村特别是山区 26 县发展森林碳汇,增加碳汇收入。发挥浙江海岸线长、海洋碳汇资源丰富的优势,探索涉海项目蓝碳表现纳入金融服务决策,促进蓝碳创收。

(四)围绕共建共享品质生活环境,聚焦绿色金融和数字生活,完善便民服务,促进和谐社会建设

14.创新绿色金融发展机制,助力"美丽浙江"建设。开展绿色金融监管评价,依托省金融综合服务平台深化绿色信息共享,建立生态信用向金融信用转化通道。深化湖州、衢州绿色金融改革创新试验区建设,支持争创全国绿色金融改革创新示范区。实施银行业保险业助力碳达峰碳中和行动。鼓励银行机构探索将碳表现、碳定价纳入授信管理流程,加大对可再生能源、绿色制造等领域的金融支持力度。发展碳排放权、用能权、排污权等绿色权益抵质押融资业务。研究建立绿色保险统计制度,建立健全绿色保险高质量发展工作机制,积极围绕环境污染治理、绿色生产安全、气候灾害补偿、绿色资产保障、低碳绿色发展等领域,探索构建多场景的绿色保险产品体系,推动保险总公司在浙江设立绿色保险事业部或实验室。

15. 推进慈善信托,助推"善行浙江"建设。提升信托机构创新服务能力,探索灵活多样的信托架构设计和制度安排,推进慈善信托持续增量扩面。鼓励信托公司与慈善组织加强合作、优势互补,推动慈善信托省内统筹、协调发展。支持信托公司发挥功能优势,满足委托人个性化慈善需求。鼓励银行保险机构对慈善事业减免金融服务收费和保费。

16. 促进金融适老化,消除金融数字鸿沟。优化网点布局,完善基础金融服务,推动金融互联网网站、移动互联网应用适老化改造;促进传统上门服务和智能技术融合,增强老年人使用智能技术的安全保障。优化使用流程,尊重老年人使用习惯,提升老年人使用体验,完善应急保障措施;研发符合老年人需求和风险承受能力的网络金融产品及服务。

17. 践行"最多跑一次",完善便民金融服务。支持银行保险机构深化服务模式创新,探索在网点提供更多便民服务。探索继承人金融信息查询便利化机制,探索协调提供向公众本人及有权继承人集成查询接口。允许银行、保险机构网点及自助机具等渠道公益代办社保、医疗等政务类服务,支持依托"丰收驿站"等乡村金融便民服务点,探索银保业务合作新模式,提升村级基础金融服务质效。

18. 强化金融消费者保护,助力社会治理。着力解决消费者反映的金融服务"痛点""难点",打造新时代"枫桥经验"金融样本。健全金融服务投诉纠纷快速响应机制,强化一线人员首问负责制度,及时就地化解争议纠纷;发挥调解功能,畅通矛盾纠纷导入机制。协同推进信息、信用、信心融合的信用体系建设与自治、法治、德治、智治融合的城乡基层治理体系,支持金融机构参与乡村治理数字化系统的打造,乡村治理评分与普惠金融信用挂钩嵌入,深化基层金融风险教育,支持浙江开展线上小额债权纠纷处置试点。

三、组织保障

(一)强化机构主体责任

推动银行保险机构高度重视金融支持高质量发展建设共同富裕示范区工作,成立由主要负责人任组长的工作专班,明确牵头部门,压实责任,落实到人。督促各机构结合本机构实际,制定专项工作方案,找准切入点和突破口,明确年度目标及中期战略举措。推动各机构梳理现行政策制度、流程等,比照共同富裕相关工作要求,及时优化完善。

(二)强化监管督导评价

设立金融支持高质量发展建设共同富裕示范区任务清单,明确责任部门和阶段性目标,加强对工作进展的监测分析,推动项目化清单化闭环管理。开展工作督导,将贯彻落实情况纳入监管评级、小微金融服务评价、乡村振兴考核评估等评价体系,并作为市场准入、非现场监管及现场检查等监管措施的重要参考依据。

(三)积极推动金融资源倾斜

推动建立部省联动机制,推动银保监会、银行保险机构总部与浙江省政府开展战略合作。主动承担全国性的改革试点,加强政策配套支持,支持有利于共同富裕的新举措、新产品在浙江先行先试,为相关创新做法在全国推广积累经验。推动中国保险资管协会和实力较强的保险机构与浙江建立长期性项目推介、会商沟通机制,引导本土险企"资金反哺",提供中长期保险资金支持。

（四）建立完善容错纠错机制

充分发挥浙江银行业保险业改革创新项目监管评估工作规则作用，完善金融创新容错、纠错机制。实施差异化监管政策，适度提高银行业保险业在加快发展地区和重点支持领域的监管容忍度。鼓励银行保险机构在充分论证和总体风险可控的前提下，全面推进适应共同富裕示范区建设需要的体制机制创新，体现"向基层、向农村、向低收入人群倾斜"的导向。

（五）严守风险底线

全面加强经济安全，强化资源、能源、粮食安全保障，坚决守住不发生区域性经济金融风险的底线。督促银行机构加强信贷管理，防范过度授信、多头授信风险，避免信贷资金挪用。加大保险监管力度，坚决打击虚假承保、虚假理赔、销售误导、不合理收费等违法违规行为。推动互联网法院改革纠纷处置的流程，探索建立线上小额债权纠纷快速处置机制。多渠道、多形式开展农村地区金融知识宣教活动，提高诚信意识、金融素养和反诈骗、防非法集资意识，优化农村地区金融生态环境。

（六）加强总结推广

及时收集、调研支持共同富裕过程中遇到的困难问题，加强分析研判。及时总结、梳理各地、各机构支持高质量建设共同富裕示范区方面的良好做法和优秀经验，加强业内工作经验交流分享。强化省、市、县工作联动，努力打造一批银行保险支持共同富裕建设的样板工程，形成一批可复制、可推广的经验做法，形成金融支持共同富裕的浙江经验、浙江样本。

中国银保监会浙江监管局 浙江省地方金融监管局关于印发《浙江银行业保险业支持26县跨越式高质量发展行动方案（2021—2025年）》的通知

浙银保监发〔2021〕203号

各银保监分局，各直辖监管组，各市金融办（局），各政策性银行浙江省分行，各大型银行浙江省分行，各股份制银行杭州分行，杭州银行，各辖外城市商业银行杭州分行，浙江网商银行，省农信联社，杭州辖内各农村中小金融机构，杭州辖内各非银行金融机构，各保险公司，各保险公司省级分公司，省银行业协会，省保险业协会：

现将《浙江银行业保险业支持26县跨越式高质量发展行动方案（2021—2025年）》印发给你们，请结合实际，认真组织实施。

附件：浙江银行业保险业支持26县跨越式高质量发展行动方案（2021—2025年）

中国银保监会浙江监管局

浙江省地方金融监管局

2021年9月29日

浙江银行业保险业支持 26 县跨越式高质量发展行动方案（2021—2025 年）

为深入贯彻省委、省政府关于推进 26 县跨越式高质量发展的决策部署，推进全省区域协调发展，助力浙江共同富裕先行示范区建设，推动金融资源优先支持 26 县，助推补齐发展短板，制定本行动方案。

一、指导思想

以习近平新时代中国特色社会主义思想为指导，认真践行"八八战略"，奋力打造"重要窗口"。坚持优先支持、创新驱动、分类施策、协同推进原则，聚焦重点领域，深化改革创新，建立银行业保险业支持 26 县加快发展的目标体系、政策体系、产品体系和评价体系，推动 26 县挖掘发展潜力，激发发展动力，提升发展能力，助力实现共同富裕。

二、主要目标

到 2025 年，力争 26 县各项贷款余额超过 2 万亿元，各项贷款增速高于全省平均增速，存贷比高于全省县域平均水平，涉农贷款余额新增 5000 亿元以上，制造业贷款余额持续增长，普惠型小微企业贷款、普惠型涉农贷款增速高于各项贷款增速，绿色信贷余额占比每年提高 1 个百分点，农户小额信用贷款占农户小额贷款比重达到 60％以上，农村产权类贷款增量扩面，保险风险保障金额稳步增加。26 县银行业保险业金融服务质效全面提升,各类经营主体金融服务获得感显著增强。根据跨越发展类和生态发展类26县功能定位,建立差异化金融支持政策体系、产品体系和考核评价体系,形成信贷融资更加通畅、保险保障更加有力的格局。

三、重点任务

(一)建立优先支持26县的差异化金融服务机制

辖内政策性银行、大中型银行一级分行要争取总行支持,出台26县差异化金融支持政策;建立信贷审批绿色通道,提高审批效率。各银行机构要优先满足26县信贷资金规模需求,合理下放审批权限,扩大产品创新自主权;对26县分支机构,要实行差异化财务资源配置,适度提高不良贷款容忍度,优先核销不良贷款。辖内中小法人机构要立足支农支小定位,积极支持26县中小微企业和涉农经营主体。相关保险公司要争取总公司支持,按照保本微利原则,针对特定区域、特色产业、特殊人群开发保险产品组合,建立绿色理赔通道,提高保险支持26县的精准性和有效性。

(二)强化26县重大项目和重点产业金融保障

各银行机构要制定符合26县实际的项目贷款准入标准,合理降低准入门槛,优先支持26县重大项目建设。各保险公司要发挥保险资金长期投资优势,加强重大项目对接。各银行保险机构要加强金融政策与产业政策协同,加大对传统制造业改造升级、新兴科技产业培育和绿色能源产业布局的金融支持力度;加强26县重点产业调研,"一业一策"制定金融服务解决方案;主动对接26县特色生态产业平台、特色小微企业园等,开展建档评级和融资服务对接工作。

(三)加大山海协作金融支持力度

各银行机构要积极支持山海协作"飞地"内重大项目,优先满足"产业飞地"先进制造业合理资金需求,探索金融支持"科创飞地"和"消薄飞地"的有效模式;建立山海协作银企信息渠道互通机制,丰富金融支持手段。

"飞出地"和"飞入地"银保监部门要联动当地政府部门,推动银行保险机构、政府性融资担保机构建立山海协作战略合作关系,探索异地业务合作,加强优势互补,加大产业合作金融支持力度。

(四)重点支持做强生态旅游产业

各银行机构要加强与文化和旅游部门的对接合作,加强金融需求分析研判,建立 26 县中小微旅游企业白名单,做好 26 县生态旅游产业项目评估、融资辅导和信贷支持工作。鼓励创新旅游业贷款担保模式,探索旅游项目特许经营权、收费权和应收账款质押贷款。政策性银行和大型银行要在依法合规前提下,按照"保本微利"原则,对 26 县旅游资源开发、景区建设等生态旅游项目提供长周期的优惠资金支持。

(五)发展绿色金融促进"两山"通道转化

各级银保监部门要推进 26 县构建以绿色信贷、绿色债券、绿色保险为主要内容的绿色金融服务体系,推进绿色金融专营机构建设。各银行机构要建立 26 县绿色低碳项目清单,强化项目评估、对接和培育;要依托企业碳效等级等信息,将碳表现纳入授信管理流程,创新碳效金融产品;要推动林权抵押贷款增量扩面,创新森林碳汇质押等特色产品,支持盘活山、水、林等生态资源。各保险机构要围绕环境污染治理、气候灾害补偿等,加强环境污染责任险等绿色保险产品创新,加大保险资金对 26 县绿色低碳项目的投资力度。要深化衢州绿色金融改革创新试验区、丽水生态产品价值实现机制试点建设,支持丽水争取国家气候投融资试点,探索创新绿色金融服务模式和机制。

(六)推动政策性转贷款业务在 26 县增量扩面

政策性银行要单列 26 县政策性转贷款规模,在授信额度内确保转贷行用款需求;要重点推动相关法人银行机构将专项转贷款资金下沉至 26 县分支机构;积极争取上级行的区域优惠政策,保持政策性资金优惠属性,引导转贷行让利于终端市场主体。26 县转贷行要加强转贷款信贷管理、系统改造、业务培训和考核激励,促进转贷款业务推广应用。

(七)推广"农户家庭资产负债表融资模式"

各银行机构要深化"整村授信"工作,推动"农户家庭资产负债表融资模式"在 26 县复制推广。要争取各级政府部门支持,多渠道采集农户信息,建立农户家庭资产负债表,完善农户家庭信用授信评估模型,精准评估农户还款能力,并通过与村两委合作开展授信公议,将农户道德、人品等信息纳入信用评价,合理确定农户信用贷款授信额度,进一步提高 26 县农户小额信用贷款的覆盖面和满足度。

(八)提升 26 县新型农业经营主体金融服务

以 26 县涉农银行机构为主、其他机构自愿参与,大力开展新型农业经营主体信用建档评级工作,力争 2021 年底实现全覆盖。各银行机构要加强信用评级结果应用,对信用等级高的新型农业经营主体,出台提高授信额度、实施优惠利率等优惠政策。要积极参与"三位一体"农合联建设,助力供销合作社改革,创新农业产业链金融模式。鼓励银行机构以优惠利率支持村集体经济组织发展特色产业,带动农户增收致富。

(九)推进盘活农村各类资产

各级银保监部门要积极推动 26 县设立农村产权贷款风险补偿基金,推进农村土地承包经营权、林权抵押贷款等增量扩面。积极推广公益林补偿收益权质押贷款。鼓励创新开展宅基地使用权抵押贷款。推动集体经营性建设用地入市,完善集体经营性建设用地使用权抵押贷款外部政策环境。各银行机构要积极创新生物活体、农业固定生产设施、农机具等抵押贷款业务,拓宽 26 县抵质押品范围。

(十)推进降低融资成本和企业负担

各银行机构要按照商业可持续、"保本微利"原则,对 26 县各类贷款、服务收费等给予定价优惠。使用政策性银行转贷款资金、人民银行再贷款再贴现资金以及由政府性融资担保机构提供担保的贷款,应给予利率优惠。提高无还本续贷等还款方式创新产品覆盖面。积极稳妥做好小微企业和个体工商户支付手续费降费工作。各保险公司要从优确定26县中小微企业和涉农经营主体保险费率,积极扩大保障范围。鼓励通过内部资金转移定价优惠、安排专项激励费用等方式,提高26县分支机构工作积极性。

(十一)优化保险供给提升26县抗风险能力

相关保险公司要针对26县编制专门服务清单、专属产品清单、专项产业对接清单,优化保险服务供给。推进发展各类特色农业保险和涉农保险,加强新型农业经营主体保险产品创新,探索全产业链风险保障,逐步将农业从业人员、农业基础设施、农业收入纳入保障范围,配套提供涵盖成本、收益、财产、人身意外、安全生产等综合保险服务。推动在26县率先启动巨灾保险试点,建立健全保险业灾害应急协作机制,推广责任保险"保险＋服务"模式,发挥保险业防灾减损和服务社会治理等功能。

(十二)发展普惠保险编织26县民生保障网

相关保险公司要推动实现26县低收入群体政策性医疗补充保险全覆盖,不断提升商业补充医疗保险的投保率,积极参与长期护理保险制度试点,有效扩大和提升26县城乡居民医疗报销范围及水平。探索拓展专属商业养老保险在内的商业养老保险业务。着力在26县推广残疾人、老年人意外保险,深化生育关怀系列保险,提高小额人身保险覆盖率,加大妇女、留守儿童、失地农民、失独老人等群体的普惠保险保障力度。

(十三)深化政银保担合作拓宽融资渠道

推动省担保集团、省农业担保公司建立省、市、县联动机制,尽快实现26县政府性融资担保机构合作全覆盖。深化政银担合作,建立担保"白名单"制度,争取专项资金给予贴息和风险分担,对名单内企业开辟融资绿色通道。加快融资担保服务数字化转型,创新线上担保贷款业务模式。开展

"农业保险＋"行动,探索农业保险与信贷、担保等金融工具联动,推进贷款保证保险、履约保证保险、农险保单质押等业务创新。

(十四)优化 26 县银行保险网点布局

支持银行机构优先在 26 县增设网点,以及小微企业专营支行、绿色金融专营支行等专营机构。支持优化网点空间布局,加大对 26 县工业平台等新兴企业集聚区的倾斜力度。积极开发适合农村特点的理财产品,提高银行网点在理财、产业信息咨询等方面的综合服务能力。完善村级基础金融服务,丰富服务功能。鼓励保险公司在业务结构、考核导向、激励容错、人力配套等方面给予倾斜,着力培育 26 县专业化、特色化的保险机构或专营团队。

(十五)探索符合 26 县特点的监管机制

完善 26 县中小法人机构监管评价机制,将绿色金融、新型农业经营主体金融服务等指标纳入评价范围,结合实际适度提高农商行监管指标分层预警容忍度。支持 26 县农商行通过发行二级资本债等形式,加快外源性资本补充。支持 26 县农村中小金融机构开展同业存款等业务,拓宽资金来源。在保险机构批设及高管核准事项上,体现监管差异化支持。

(十六)推进 26 县金融服务数字化改革

探索优化浙江省金融综合服务平台县域金融服务功能。加强与相关政府部门合作,推动 26 县涉企涉农信用信息共享。支持涉农银行机构为 26 县"三资"管理信息系统提供资金和技术支持,推进村集体经济合作社全覆盖。各银行保险机构要积极参与数字化改革,依托新兴信息技术为 26 县小微企业和涉农经营主体提供在线贷款、在线投保与理赔等便捷金融服务。

(十七)加大创业就业人员金融支持力度

各银行保险机构要积极推广"两乡双创贷""人才贷""创业险"等金融

产品,为 26 县创业就业人员提供全方位金融服务。鼓励选派骨干人才到 26 县重点乡镇挂职服务,助推当地产业发展。深入实施"农村青年创业伙伴计划",推动银行保险机构党员干部与 26 县农村创业青年开展结对帮扶。有条件的银行保险机构要发挥资源优势,为 26 县乡村振兴致富带头人、返乡创业退役军人、新型农业经营主体、农村创业青年等开展免费的专业知识培训。

(十八)积极防范风险提高金融支持可持续性

各级银保监部门要推动银行业保险业依法合规支持 26 县发展。各银行机构要为 26 县提供差异化金融服务,防范多头授信、过度授信风险,避免信贷资金被挪用。各银行保险机构要强化审慎经营意识,严格落实"七不准""四公开"要求,严禁发放贷款时附加不合理条件,杜绝虚假承保、虚假理赔、销售误导、不合理收费等违法违规行为,加强金融消费者风险教育,自觉维护市场秩序。

四、保障措施

(一)加强组织保障

各银行保险机构要成立 26 县金融服务工作专班,出台专项政策,建立任务清单。各级银保监部门要将银行保险机构支持 26 县情况纳入现场检查和监管评价工作,检查和评价结果与监管评级、网点设置、高管履职评价等挂钩,压实机构主体责任。相关银保监分局要结合实际,"一县一策"制定银行业保险业支持 26 县发展政策措施;跟踪监测工作推进情况,确保政策落地见效。

(二)加强联动共建

建立省、市、县三级联动的 26 县金融服务"闭环式"推进机制,做到诉求快速反应、政策快速响应、举措快速落地。各级银保监部门、各银行保险机构要明确牵头 26 县金融服务工作的单位负责人、职能部门和联络人员,相关银保监分局要优先将 26 县纳入分局领导基层联系点,加强对 26 县金融诉求的跟踪反馈,对面临的问题及时会商解决。

(三)加强督导总结

各级银保监部门、各银行保险机构要及时掌握金融支持 26 县发展过程中的新情况、新问题,对苗头性、倾向性问题加强分析研判,积极采取对策并向上反映。要及时总结良好经验做法,加强学习交流,对符合条件的成功经验要组织复制推广。各级银保监部门要按季通报银行保险机构 26 县金融服务情况,对工作推进不力的机构,及时采取高管约谈等监管措施。

(四)加强统计监测

建立银行保险机构支持 26 县跨越式高质量发展统计监测制度。相关银保监分局、各银行保险机构按季总结 26 县金融服务情况(包括工作进展、存在的困难及下一步工作计划),与统计监测表一并于季后月末日报送至浙江银保监局。

省地方金融监管局　人行杭州中心支行 浙江银保监局　浙江证监局关于印发金融 支持高质量发展建设共同富裕示范区 实施方案(2021—2025 年)的通知

浙金管〔2021〕41 号

各设区市人民政府,省级有关部门:

经省政府同意,现将《金融支持高质量发展建设共同富裕示范区实施方案(2021—2025 年)》印发给你们,请结合实际认真贯彻落实。

附件:金融支持高质量发展建设共同富裕示范区实施方案(2021—2025 年)

浙江省地方金融监管局
中国人民银行杭州中心支行
中国银保监会浙江监管局
中国证监会浙江监管局

2021 年 9 月 27 日

附件

金融支持高质量发展建设共同富裕示范区
实施方案（2021—2025 年）

为深入贯彻落实党中央、国务院和省委、省政府关于高质量发展建设共同富裕示范区的决策部署，充分发挥金融推动高质量发展、高品质生活和高效能治理的重要作用，现制定本实施方案。

一、总体要求

以习近平新时代中国特色社会主义思想为指导，立足新发展阶段，贯彻新发展理念，服务构建新发展格局，以深化金融供给侧结构性改革为主线，以推动解决地区差距、城乡差距和收入差距为主攻方向，率先开拓金融支持共同富裕的有效路径，提升金融服务适配性、普惠性和可持续性，完善金融机构、产品、服务和工作体系，基本建立金融促进共同富裕的政策制度和体制机制，形成一批标志性成果。具体目标是：

——提升金融支持经济高质量发展能力。推动金融精准直达新发展格局关键环节，深入实施融资畅通工程升级版、"凤凰行动"计划升级版，力争科技型企业、制造业中长期和绿色贷款余额分别达 1 万亿元、1.2 万亿元和 2.5 万亿元，境内外上市公司达 1000 家，实现债券、股权等直接融资比重进一步提高，综合融资成本稳中有降。加强新一轮扩大有效投资资金保障，规范发展消费金融，扩大区域金融高水平开放，促进双循环更加高效畅通。

——提升金融促进城乡区域协调发展能力。补强县域、乡村和社区金融服务短板,力争创建信用村(社区)1 万个以上、信用乡(镇、街道)600 个以上,高水平实现"基础金融不出村、综合金融不出镇"。完善城乡融合的综合金融服务体系,推动更多金融资源投向山区县发展、乡村振兴和新型城镇化,新增涉农贷款 2 万亿元以上。

——提升金融服务人民高品质生活能力。着力支持中等收入群体和居民收入双倍增,力争普惠小微企业贷款占比达 20%、个体工商户贷款余额翻一番,实现农户小额普惠贷款授信服务全覆盖,政府性融资担保平均费率保持在 1% 以下,保险保障水平和居民财产性收入明显提高。推进金融向公共服务场景应用拓展提升,增强人民群众金融获得感、安全感和满意度。

——提升区域金融现代化治理能力。构建高效协同的区域金融治理体系,推动金融守正创新,加快建设新兴金融中心,打造数智金融先行省。落实金融安全战略,坚决守住不发生区域性系统性金融风险的底线,防止资本在金融领域无序扩张,强化金融消费者权益保护,营造优质金融生态环境。

二、金融支持经济高质量发展先行示范

1. 构建服务新发展格局的数智化区域金融运行体系。搭建数智金融平台,探索构建"金融大脑",全面推动金融与产业、企业、公共等数据集成。聚焦金融服务实体经济和人民生活,持续推进金融综合服务、企业信用信息服务(贷款码)、"凤凰丹穴"、百姓财富管理等场景应用建设,形成"平台+大脑+应用"体制。支持杭州国际金融科技中心建设,深化金融科技创新监管工具推广应用,打造国际金融科技创新高地。(省地方金融监管局、人行杭州中心支行、浙江银保监局、浙江证监局、省发展改革委、省市场监管局)加快金融机构数字化发展,推进金融服务模式创新、流程再造和制度重塑,提升金融服务多样化、包容性和便利度。(人行杭州中心支行、浙江银保监局、浙江证监局)

2. 打造支持自主创新的多元化科创金融服务体系。建立健全科技金融专营机构体系,扩大专营机构自主权,支持有条件的中小法人银行转型

为科创特色银行。(浙江银保监局)加强双创债券、科技贷款、科技保险、科技担保、股债联动等综合金融服务。(人行杭州中心支行、浙江银保监局、浙江证监局、省地方金融监管局、省发展改革委)构建科技创新基金体系，完善产业基金运作机制，推进合格境外有限合伙人(QFLP)试点，力争新增创业投资和私募股权投资备案5000亿元，主要投向"互联网＋"、生命健康、新材料、数字经济等重点领域。(省地方金融监管局、省科技厅、省财政厅、人行杭州中心支行、浙江证监局、省发展改革委)

3.创新支撑先进制造的精准化产业链金融服务模式。聚焦标志性产业链、先进制造业集群，大幅增加制造业中长期融资，加强制造业企业投资、技改和并购支持。创新供应链金融服务模式，支持杭州建设全国供应链创新与应用示范城市，力争全省产业链企业相关贷款余额达4万亿元、企业信用贷款占企业贷款比重达25％。(人行杭州中心支行、浙江银保监局、省地方金融监管局、省经信厅、省商务厅)推动金融机构对接重大产业平台、产业投资工程建设，扩大债券、保险资金等直接融资。支持浙商企业双循环一体化发展，扩大跨境人民币结算，争取开展政策性内贸信用保险产品试点，为跨境贸易、投资、并购提供全链条金融联动产品和精准服务。(省地方金融监管局、人行杭州中心支行、浙江银保监局、浙江证监局、省发展改革委、省商务厅)

4.完善引领市场主体升级的梯次化"凤凰行动"推进机制。推进企业上市"一件事"集成改革，通过资金全过程参与、政策全周期支持和服务全链条保障，深入推动企业规范培育，全面对接多层次资本市场。实施区域性股权市场创新试点，打造资本市场普惠服务体系，力争新增挂牌股份制企业1500家、累计培育科创型小微企业1万家。支持上市公司高质量发展，通过并购重组等方式整合技术、人才、品牌、市场等要素资源，引领和带动一批现代产业集聚发展。推进国际油气交易中心建设，深化与上海期货交易所期现合作，探索场外衍生品交易模式。(省地方金融监管局、浙江证监局、省经信厅、省科技厅、省商务厅、省国资委、省市场监管局)

三、金融助力收入分配制度改革先行示范

5.深化普惠金融助推更加充分更高质量就业。支持民营经济扩大就业容量,深入落实民营企业融资"两个一致"要求,力争民营经济贷款增速高于各项贷款平均增速。深化宁波普惠金融改革试验区建设,持续推进温州金融改革,争创台州小微企业金融服务改革创新示范区,进一步打通融资堵点难点。深入实施全省小微企业"增氧计划"和"滴灌工程",开展首贷户拓展行动,推进普惠小微企业、个体工商户和新型农业经营主体贷款扩面增量,2021 年实现小微企业首贷金额 1800 亿元以上,推动更多小微企业主通过自身努力实现致富。提高农户信用贷款比例,支持返乡农民工、下山安置户以及有劳动意愿和能力、无不良信用记录的低收入农户贷款创业,力争新增农户贷款 1 万亿元。(人行杭州中心支行、浙江银保监局、省地方金融监管局、省市场监管局)

6.拓宽城乡居民多样化财产性收入渠道。高水平建设钱塘江金融港湾和金融特色小镇,深入推进财富管理机构集聚,稳健发展投资基金、银行理财、信托等多元化金融产品,构建与城乡居民需求相适应的财富管理体系。鼓励上市公司提高现金分红比例,支持企业实施灵活多样的股权激励和员工持股计划,切实增加居民金融性收入。优化科技金融服务,探索通过知识产权证券化等方式实现科技成果资本化,助力更多人才创新创业致富。加强投资者和金融消费者权益保护,深入开展金融知识宣传和普及,提高广大人民群众投资理财和风险防范能力。(省地方金融监管局、人行杭州中心支行、浙江银保监局、浙江证监局、省科技厅、省市场监管局)

7.加强政策性金融精准帮扶重点群体。积极争取央行再贷款再贴现等货币政策工具支持。深化政府性融资担保机构体系改革,到 2023 年底小微企业和"三农"融资担保业务规模达 1400 亿元。强化和完善助学贷款政策,提高助学贷款额度,帮助家庭经济困难高校学生减轻经济负担。继续实施创业担保贷款,符合条件自主创业人员最高可获得贷款额度 50 万元的全额贴息。支持各地为低收入和困难群体提供政策性保险。大力发展慈善信托,争取国家支持探索公益慈善组织设立信托专户,对慈善信托

给予政策支持。(省地方金融监管局、省财政厅、人行杭州中心支行、浙江银保监局、省教育厅、省人力社保厅、省民政厅)

四、金融赋能公共服务优质共享先行示范

8.扩大幸福康养金融服务覆盖面。加强职业年金、企业年金金融服务。加快发展第三支柱养老保险,推进专属商业养老保险,争取开展个人税收递延型商业养老保险试点。积极发展商业健康保险,向国家争取长期护理保险制度全省域试点。提升农村地区人身保险发展水平,实现低收入农户政策性医疗补充保险全覆盖。积极吸引保险机构资金以投资新建、参股、托管等方式兴办养老机构。聚焦老年人、残疾人等高频服务场景,合理运用智能技术,推进互联网应用改造,探索制定老年人普惠性金融服务标准,提供"线上+线下"安全便捷的适老及无障碍金融服务。(浙江银保监局、人行杭州中心支行、省地方金融监管局、省人力社保厅、省财政厅、省民政厅、省农业农村厅、省税务局、省医保局、省卫生健康委、省残联)

9.提高百姓安居金融服务满意度。坚持房子是用来住的、不是用来炒的定位,严格执行差异化住房信贷政策,优先满足居民家庭首套自住房贷款购房需求。支持金融机构为建筑业企业提供债券融资及建筑材料、工程设备、工程项目、应收账款抵质押贷款等金融服务,将钢结构等装配式建筑纳入绿色金融支持范围。加强房地产金融管理,有效满足城镇集中成片棚户区和老旧小区改造、保障性住房建设运营等融资需求,推动住房租赁金融产品和服务创新,助力解决新市民、低收入困难群众等重点群体住房问题。(人行杭州中心支行、浙江银保监局、省建设厅)

10.增强保险服务公共管理功能。推广宁波国家保险创新综合试验区经验,推动保险更大范围更深层次参与公共服务和社会治理。完善政保合作机制,提高环境、生产、工程、食品、校园、社会等领域安全保险覆盖面和保障水平。探索巨灾保险制度试点,推动保险力量纳入社会防灾减灾工作体系,提升灾害风险保障水平。(浙江银保监局、省地方金融监管局、省财政厅、省应急管理厅)

11.协同提高金融和公共服务便捷性。规范推广政府和社会资本合作

模式,优化金融要素保障,支持托育、教育、医疗、文化、体育、旅游、养老等公共服务设施建设。争取数字人民币试点,推动数字人民币在亚运会区域、零售消费、政务服务、交通运输、文化旅游等领域应用。深化移动支付之省建设,创新面向县域和"三农"移动支付产品,力争2025年末移动支付人口覆盖率达80%。深入推进数智金融服务向交通、高校、医院、景区、社区等场景应用拓展提升。(人行杭州中心支行、浙江银保监局、省地方金融监管局、省发展改革委)

五、金融促进城乡区域协调发展先行示范

12.高标准加强城乡一体化发展金融保障。围绕大湾区大花园大通道大都市区和新型城镇化建设,运用银团贷款、联合授信、债券联合承销、保险资金等方式,加大政策性开发性商业性金融机构资金投放。深化投融资方式创新,用好地方政府专项债等工具充实资本金,推广基础设施领域不动产投资信托基金,拓宽重大项目境内外融资渠道。探索"金融大脑＋未来社区(未来乡村)"等场景应用,探索未来社区物业资产证券化,打造可复制易推广的样板,构建共同富裕现代化基本单元金融服务模式。(省地方金融监管局、人行杭州中心支行、浙江银保监局、浙江证监局、省发展改革委、省建设厅)

13.高水平建设现代农村金融服务体系。争创丽水普惠金融服务乡村振兴改革试验区。推动金融机构下沉服务重心,制定差异化的市场准入政策,鼓励设立服务乡村振兴的专营机构,引导新设金融机构网点向小微企业和"三农"领域倾斜,提升农村、社区等基层金融机构网点功能。争取深化农村信用社改革试点。深入推进地方金融组织支农支小。创新农村产权抵质押方式,推广农村承包土地经营权、林权、农业"标准地"使用权和农业生产设施产权抵押贷款,探索农村集体经营性资产股份质押贷款等业务,在农村宅基地制度改革试点地区依法稳妥开展农民住房财产权(含宅基地使用权)抵押贷款。深化农村信用体系建设,推广"整村授信"等服务模式。(人行杭州中心支行、浙江银保监局、省地方金融监管局、省农业农村厅、省自然资源厅)

14.高质量加大农业农村优先发展金融资源投入。加强金融机构支农资源配置,鼓励单列支农信贷计划,实行内部资金转移优惠定价等措施,确保涉农贷款余额达7万亿元。聚焦农村基础设施补短板以及高效生态农业、现代乡村产业、村级集体经济等重点领域和薄弱环节,推广美丽乡村贷、乡村旅游贷等业务,创新农业机械化、农业产业园等专属融资产品,实现普惠型涉农贷款增速高于各项贷款平均增速。完善以政策性农业保险为基础的农业保险保障体系,深化"保险＋贷款""保险＋期货"等机制建设,到2022年,稻谷、小麦等主粮作物农业保险覆盖率达70％以上,农业保险密度达500元/人,保障范围逐步从生产风险向市场风险拓展。(人行杭州中心支行、浙江银保监局、省地方金融监管局、浙江证监局、省农业农村厅、省财政厅)

15."一县一策"金融帮促山区县跨越式发展。制定实施金融山区26县跨越式高质量发展方案。推广国开行等支持山区县发展等有效做法,鼓励实行专项融资、专班团队、专门通道,及时有效满足山区县生产建设金融需求。深入实施山海协作工程升级版,推动金融机构与特色生态产业平台、山海协作产业园及"飞地"、乡村振兴重点帮促村建立合作伙伴关系,提供长期稳定的优质金融服务。探索省市共同设立海洋发展基金,加快海岛县和海洋金融发展。(省地方金融监管局、人行杭州中心支行、浙江银保监局、浙江证监局、省财政厅、省发展改革委)

六、金融助推生态文明建设先行示范

16.稳妥有序推进绿色金融支持碳达峰碳中和。推动建立碳账户体系,构建绿色低碳项目库,完善绿色信息共享机制。(人行杭州中心支行、浙江银保监局)聚焦"6＋1"重点领域,创新绿色信贷、绿色债券、绿色保险、绿色基金等金融产品和服务,支持有条件的绿色企业上市融资,推动更多金融资源投向绿色低碳发展。(浙江银保监局、省地方金融监管局、人行杭州中心支行、浙江证监局、省发展改革委)加强碳减排支持工具项目储备,争取支持工具尽快在浙江落地,力争到2025年绿色债务融资工具和绿色金融债发行规模较2020年翻两番。(人行杭州中心支行)争取开展国家气

候投融资试点。(浙江银保监局、省生态环境厅)

17.健全完善富有特色的绿色金融制度体系。深化湖州和衢州绿色金融改革创新试验区建设,争创全国绿色金融改革创新示范区。率先制定零碳银行等绿色金融省级标准,高标准推进金融机构绿色资产风险分类管理、绿色金融业绩评价考核以及上市公司环境保护、社会责任和公司治理披露信息等制度。实施差异化绿色金融政策,创新生态产品价值实现金融机制,加强绿色金融激励约束。(省地方金融监管局、人行杭州中心支行、浙江银保监局、浙江证监局)

七、金融助力社会主义先进文化发展和社会治理先行示范

18.建设新时代中国特色社会主义浙江金融文化。推进学习实践习近平总书记关于金融工作的重要论述走深走心走实。推动金融系统弘扬"红船精神",传承红色金融基因,深入挖掘萧山衙前信用社(杭州)、浙东银行(余姚)等红色金融文化资源,赓续红色金融血脉。秉持浙江精神,深入践行社会主义核心价值观,传承中华民族优秀传统文化,奋力打造"重要窗口"金名片,为中国特色金融之路做出浙江贡献。(省地方金融监管局、人行杭州中心支行、浙江银保监局、浙江证监局)

19.加强金融风险闭环管控。健全金融风险防控处置长效机制,有效防范化解金融机构和企业债务风险,稳妥有序处置"僵尸企业"和不良资产,把风险控制在较低水平。完善金融风险"天罗地网"监测防控体系,有效防范化解交易场所、私募投资基金等领域涉众型风险,做好网络借贷风险后续处置。深入落实《防范和处置非法集资条例》,依法严厉打击各类非法金融活动,确保金融安全稳定。(省地方金融监管局、人行杭州中心支行、浙江银保监局、浙江证监局)

20.营造优良金融生态环境。坚持金融向善,加强金融法治,推动所有金融活动依法依规纳入监管,强化金融领域反垄断和防止资本无序扩张,坚决维护金融市场公平竞争。加强守信激励和失信惩戒,严厉打击逃废债,鼓励各地"一站式"解决金融领域矛盾纠纷,维护良好信用环境。推进金融助力基层治理,深化金融顾问、金融服务小分队等工作,加强小微企业

和涉农主体融资辅导,深入推进金融"服务企业、服务群众、服务基层"。(省地方金融监管局、人行杭州中心支行、浙江银保监局、浙江证监局)

八、构建保障措施和推进机制

21.建立工作机制。在省高质量发展建设共同富裕示范区领导小组领导下,建立金融工作专班,加强金融与财政、发展改革、农业农村、人力社保等政策协同。实行清单式台账式管理,发挥金融机构主体作用,形成省市县联动、政银企协作合力。

22.争取政策支持。人行、银保监、证监、地方金融等部门要积极向中央金融管理部门争取货币政策工具、金融监管政策等支持,谋划实施一批突破性抓手清单和重大改革清单,抓紧形成一批典型性案例和普遍性经验。

23.加强评价激励。按照省高质量发展建设共同富裕示范区评价体系和目标指标体系要求,细化金融评价指标,加强动态监测,督促指导金融机构、金控公司和地方金融组织落实落细各项措施任务。实行争先创优机制,鼓励各地各金融机构深化特色服务创新,创造更多金融最佳实践,加大宣传、复制和推广力度。

附　录

2021 年杭州金融服务业大事记

1月6日,滨江区企业祖名股份在深交所上市。

1月18日,江干区企业宋都服务在港交所上市。

1月21日,建德市企业屹通新材在深交所上市。

2月10日,萧山区企业曼卡龙在深交所上市。

2月18日,滨江区企业诺辉健康在港交所上市。

3月1日,江干区企业园林股份在上交所上市。

3月1日,钱塘新区企业联德股份在上交所上市。

3月2日,钱塘新区企业美迪凯在上交所科创板上市。

3月11日,中国人民银行杭州中心支行召开浙江省金融科技应用试点项目验收评估会。

3月18日,西湖区企业西力科技在上交所科创板上市。

3月18日,西湖区企业涂鸦智能在美国纽交所上市。

3月19日,滨江区企业爱科科技在上交所科创板上市。

3月24日,杭州市金融管理服务委员会2021年工作会议召开。

3月25日,钱塘新区企业奥泰生物在上交所科创板上市。

3月29日,杭州市政府发布《关于金融支持服务实体经济高质量发展的若干措施》。

3月30日,滨江区企业品茗股份在上交所科创板上市。

3月31日,杭州市地方金融监管局举办(拟)上市企业高质量发展暨知识产权(金融)"三服务"活动。

4月12日,上城区企业杭州柯林在上交所科创板上市。

4 月 23 日,中国人民银行杭州中心支行召开浙江省金融机构持续深化打击治理电信网络新型违法犯罪工作电视会议。

4 月 26 日,中国人民银行杭州中心支行召开 2021 年浙江省银行机构整治拒收现金工作电视会议。

5 月 18—19 日,全国人大常委会法制工作委员会原副主任朗胜、中国证监会法律部副主任陈黎君带队,全国人大法工委、最高人民法院、最高人民检察院、证监会法律部及市场部、中国证券投资基金业协会一行 9 人就私募基金领域违法犯罪相关问题来杭州调研。

5 月 18 日,萧山区企业九紫新能在美国纳斯达克上市。

5 月 21 日上午,金融委办公室地方协调机制(浙江省)召开 2021 年第一次会议。

5 月 25 日上午,中国人民银行杭州中心支行、上海票据交易所联合举办的浙江省商业汇票信息披露制度宣传培训会在杭州成功举办。

5 月 25 日,上城区企业浙江新能在上交所上市。

6 月 11 日,中国人民银行副行长刘桂平一行来杭调研浙江绿色金融改革创新工作。

6 月 17 日,临安区企业可靠护理在深交所上市。

6 月 21 日,"浙江杭徽"基金作为全省首单基础设施公募 REITs 在上海证券交易所正式上市。

6 月 30 日,滨江区企业杭州热电在上交所上市。

6 月 30 日,滨江区企业税友股份在上交所上市。

7 月 5 日,余杭区企业归创通桥在港交所上市。

7 月 8 日,滨江区企业宏华数码在上交所科创板上市。

7 月 15 日,余杭区企业德信服务在港交所上市。

7 月 15 日,中国人民银行杭州中心支行组织召开浙江省跨境人民币政策解读暨标准收发器推介会。

7 月 20 日,上城区企业咸亨国际在上交所上市。

7 月 22 日,杭州银行保险监督管理领导小组成立。

7 月 23 日,杭州市政府召开全市金融工作会议。

7月23日,拱墅区企业浙版传媒在上交所上市。

7月26日,中国人民银行杭州中心支行召开浙江省本外币合一银行结算账户体系试点动员部署暨启动会。

7月29日,西湖区企业新利软件在港交所上市。

8月5日,中国人民银行杭州中心支行召开浙江省银行业推进移动支付之省建设电视会议。

8月5日,余杭区企业双枪科技在深交所上市。

8月12日,上城区企业久祺股份在深交所上市。

8月20日,杭州市政府召开全市处置非法集资工作会议。

8月20日,杭州市金融科技创新监管试点第二批4个应用提供服务。

8月30日,西湖区企业果麦文化在深交所上市。

9月6日,富阳区企业张小泉在深交所上市。

9月8日,余杭区企业博拓生物在上交所科创板上市。

9月16日,拱墅区企业卓锦股份在上交所科创板上市。

9月22日,上城区企业万事利在深交所上市。

9月22日,杭州市地方金融监管局牵头发布《杭州市合格境外有限合伙人试点暂行办法》。

9月24日,滨江区企业堃博医疗在港交所上市。

9月28日,余杭区企业大地海洋在深交所上市。

9月30日,西湖区企业君亭酒店在深交所上市。

9月30日,余杭区企业星华反光在深交所上市。

10月14日,长三角征信机构联盟2021年第三季度例会在杭州顺利召开。

10月19日,余杭区企业微泰医疗在港交所上市。

10月21日,中国人民银行杭州中心支行召开全省金融机构负责人会议,分析当前经济金融形势,部署推进下阶段工作重点。

10月25日,钱塘区企业福莱蒽特在上交所上市。

10月25日,萧山区企业凯尔达在上交所科创板上市。

11月2日,临平区企业争光股份在深交所上市。

11 月 15 日,滨江区企业广脉科技在北交所首批上市。

11 月 18 日,上城区企业安旭生物在上交所科创板上市。

11 月 22 日,萧山区企业正强股份在深交所上市。

12 月 2 日,中国人民银行杭州中心支行与上城区人民政府举行战略合作协议签约仪式。

12 月 2 日,萧山区企业网易云音乐在港交所上市。

12 月 11 日,杭州市政府发布《杭州市金融业发展"十四五"规划》。

12 月 14 日,拱墅区企业顺丰同城在港交所上市。

12 月 15 日,金融委办公室地方协调机制(浙江省)召开 2021 年第二次会议。

12 月 16 日,上城区企业物产环能在上交所上市。

12 月 20 日,拱墅区企业禾迈股份在上交所科创板上市。

12 月 20 日,临平区企业百诚医药在深交所上市。

12 月 23 日,上城区企业永安期货在上交所上市。

12 月 31 日,临安区企业浙文互联在上交所上市。

12 月 31 日,杭州市政府发布《杭州市深入推进经济高质量发展"凤凰行动"计划(2021—2025 年)》。

2021 年杭州市经济金融主要指标

指　标	计量单位	2021 年	同比±％
全市生产总值	亿元	18109	8.5
其中:第三产业	亿元	12287	8.7
金融业增加值	亿元	2189	6.4
社会融资规模增量	亿元	8690.81	−11.4
金融机构本外币存款余额	亿元	61044.33	12.53
金融机构本外币贷款余额	亿元	56274.77	13
证券经营机构代理交易额	万亿元	32.5	26.5
期货经营机构代理交易额	万亿元	70.3	42.6
在中基协备案的私募基金管理人管理资产规模	亿元	8462.99	27.6
保费收入	亿元	969.04	3.69
保险赔付支出	亿元	316.05	20.93
年末境内外上市公司数	家	262	比年初新增 52 家
其中:境内	家	201	比年初新增 41 家
年末小贷公司贷款余额	亿元	112.39	3.3
年末融资担保余额	亿元	680.34	17.7
年末典当余额	亿元	41.56	6.9

2021 年杭州市金融机构名录

2021 年杭州市银行机构名录

（截至 2021 年 12 月 31 日）

序号	机构名称	机构地址	值班电话
1	国家开发银行浙江省分行	杭州市上城区城星路 69 号	0571-89778066
2	中国进出口银行浙江省分行	杭州市拱墅区教场路 18 号	13456780016
3	中国农业发展银行浙江省分行	杭州市拱墅区建国北路 283 号双牛大厦	0571-87299110
4	中国工商银行股份有限公司浙江省分行	杭州市上城区中河中路 150 号	0571-87336188
5	中国农业银行股份有限公司浙江省分行	杭州市上城区江锦路 100 号	0571-87226000
6	中国银行股份有限公司浙江省分行	杭州市拱墅区凤起路 321 号	0571-87021384
7	中国建设银行股份有限公司浙江省分行	杭州市上城区解放东路 33 号	0571-85313228
8	交通银行股份有限公司浙江省分行	杭州市上城区四季青街道剧院路 1—39 号	0571-87073388
9	浙商银行股份有限公司	杭州市拱墅区庆春路 288 号	0571-87659676
10	中信银行股份有限公司杭州分行	杭州市上城区四季青街道解放东路 9 号	0571-87032888
11	上海浦东发展银行股份有限公司杭州分行	杭州市上城区延安路 129 号	0571-87790119

序号	机构名称	机构地址	值班电话
12	华夏银行股份有限公司杭州分行	杭州市上城区四季青街道香樟街2号泛海国际中心2幢2—3层、21—36层	0571-87239110
13	招商银行股份有限公司杭州分行	杭州市西湖区杭大路23号	0571-85789028
14	广发银行股份有限公司杭州分行	杭州市拱墅区延安路516号	0571-87060722
15	平安银行股份有限公司杭州分行	杭州市拱墅区庆春路36号	0571-87568666
16	中国民生银行股份有限公司杭州分行	杭州市上城区钱江新城市民街98号尊宝大厦金尊1层、6—18层及36层	0571-87239790
17	兴业银行股份有限公司杭州分行	杭州市拱墅区庆春路40号	0571-87370710
18	中国光大银行股份有限公司杭州分行	杭州市拱墅区密渡桥路1号浙商时代大厦1—14层	0571-87895358
19	恒丰银行股份有限公司杭州分行	杭州市拱墅区建国北路639号	0571-85086024
20	渤海银行股份有限公司杭州分行	杭州市拱墅区体育场路117号	0571-28119879
21	中国邮政储蓄银行股份有限公司浙江省分行	杭州市拱墅区百井坊巷87号	0571-87335016
22	中国华融资产管理股份有限公司浙江省分公司	杭州市上城区开元路19-1、19-2号	0571-87836725
23	中国长城资产管理股份有限公司浙江省分公司	杭州市上城区邮电路23号浙江长城资产大楼8、9两层及附楼	0571-85167890
24	中国东方资产管理股份有限公司浙江省分公司	杭州市上城区庆春路225号西湖时代广场5楼	0571-87163369
25	中国信达资产管理股份有限公司浙江省分公司	杭州市拱墅区延安路528号标力大厦B座11—12层	0571-85774691
26	杭州银行股份有限公司	杭州市拱墅区庆春路46号	0571-85107792

续表

序号	机构名称	机构地址	值班电话
27	上海银行股份有限公司杭州分行	杭州市上城区新业路 200 号	0571-87560235
28	宁波银行股份有限公司杭州分行	杭州市西湖区保俶路 146 号	0571-87205999
29	北京银行股份有限公司杭州分行	杭州市上城区五星路 66 号	0571-86996502
30	南京银行股份有限公司杭州分行	杭州市拱墅区凤起路 432 号金都杰地大厦	0571-81135987
31	江苏银行股份有限公司杭州分行	杭州市西湖区天目山路 38—42 号浙江出版集团大厦东侧 1—3 层	0571-88359666
32	浙江泰隆商业银行股份有限公司杭州分行	杭州市上城区望江东路 59 号	0571-81117888
33	浙江稠州商业银行股份有限公司杭州分行	杭州市上城区富春路 168 号	0571-87137788
34	浙江民泰商业银行股份有限公司杭州分行	杭州市拱墅区莫干山路 268 号	0571-87209665
35	温州银行股份有限公司杭州分行	杭州市拱墅区仙林桥直街 3 号仙林大厦	0571-87338001
36	台州银行股份有限公司杭州分行	杭州市上城区城星路 59 号 101、1401 室	0571-86893535
37	金华银行股份有限公司杭州分行	杭州市西湖区保俶路 238 号 1 幢	0571-28289961
38	湖州银行股份有限公司杭州分行	杭州市上城区城星路 94、96 号 1 楼	0571-87026699
39	宁波通商银行股份有限公司杭州分行	杭州市上城区西子国际中心 103 室	0571-81727313
40	浙江网商银行股份有限公司	杭州市西湖区学院路 28—38 号德力西大厦 1 号楼 15—17 层	0571-22907414
41	杭州联合农村商业银行股份有限公司	杭州市上城区建国中路 99 号	0571-87923272
42	浙江萧山农村商业银行股份有限公司	杭州市萧山区人民路 258 号	0571-82712929

序号	机构名称	机构地址	值班电话
43	浙江杭州余杭农村商业银行股份有限公司	杭州市余杭区南苑街道南大街72号	0571-86234561
44	浙江富阳农村商业银行股份有限公司	杭州市富阳区鹿山街道依江路501号	0571-63334386
45	浙江桐庐农村商业银行股份有限公司	杭州市桐庐县城迎春南路278号	0571-64218816
46	浙江临安农村商业银行股份有限公司	杭州市临安区锦城街道城中街442号	0571-63726218
47	浙江建德农村商业银行股份有限公司	杭州市建德市新安江街道新安东路126号	0571-64735221
48	浙江淳安农村商业银行股份有限公司	杭州市淳安县千岛湖镇环湖北路369号	0571-64813958
49	浙江建德湖商村镇银行股份有限公司	杭州市建德市新安东路247号	0571-64791825
50	浙江桐庐恒丰村镇银行股份有限公司	杭州市桐庐县县城迎春南路86号	0571-69813009
51	浙江临安中信村镇银行股份有限公司	杭州市临安区锦城街道石镜街777号	0571-61109026
52	浙江淳安中银富登村镇银行有限责任公司	杭州市淳安县千岛湖镇新安南路15—51号	0571-65092228
53	浙江余杭德商村镇银行股份有限公司	杭州市余杭区塘栖镇广济路273—287号	0571-89028500
54	浙江萧山湖商村镇银行股份有限公司	杭州市萧山区宁围镇市心北路229号	0571-83515800
55	浙江富阳恒通村镇银行股份有限公司	杭州市富阳区富春街道金桥北路8号	0571-58836666
56	建德市大同镇桑盈农村资金互助社	杭州市建德市大同镇新街2号	0571-64585686
57	浙江南浔农商行临安支行	杭州市临安区城中街638号	0571-61092205
58	浙江南浔农商行富阳支行	杭州市富阳区富春街道桂花西路97号	0571-61792305

续表

序号	机构名称	机构地址	值班电话
59	三井住友银行(中国)有限公司杭州分行	杭州市拱墅区延安路 385 号杭州嘉里中心 2 幢 5 楼	0571-28891111
60	东亚银行(中国)有限公司杭州分行	杭州市上城区万象城 2 幢 101-01、1701、1703-02 室	0571-89812288
61	汇丰银行(中国)有限公司杭州分行	杭州市上城区钱江路 1366 号万象城 2 幢 2001-01、2001-02、2001-08、2003-02、2003-03 室	0571-89811266
62	花旗银行(中国)有限公司杭州分行	杭州市拱墅区庆春路 118 号嘉德广场 1301、1308 室	0571-87229088
63	恒生银行(中国)有限公司杭州分行	杭州市拱墅区延安路 385 号杭州嘉里中心 2 幢(商)1 号及 2 幢 7 层 701、702 室	0571-87296178
64	渣打银行(中国)有限公司杭州分行	杭州市拱墅区延安路 385 号杭州嘉里中心 2 幢 6 层 604 单元	0571-87365355
65	南洋商业银行(中国)有限公司杭州分行	杭州市滨江区江南大道 3688 号通策广场 2 幢 101—201 室	0571-87786000
66	星展银行(中国)有限公司杭州分行	杭州市西湖区教工路 18 号世贸丽晶城欧美中心 1 号楼 D 区 101、103、105 室及 A 区 1802、1803 室	0571-81133188
67	大华银行(中国)有限公司杭州分行	杭州市西湖区天目山路 181 号天际大厦 201、203 室	0571-28090799
68	澳大利亚和新西兰银行(中国)有限公司杭州分行	杭州市西湖区教工路 18 号世贸丽晶城欧美中心 1 号楼(C 区)302—303 室	0571-26890888
69	三菱日联银行(中国)有限公司杭州分行	杭州市拱墅区延安路 385 号杭州嘉里中心 2 幢 10 层 1002、1003、1004 单元	0571-87928080
70	澳门国际银行杭州分行	杭州市上城区高德置地中心 1 幢 2906 室、3 幢 101 室-101	0571-26208888
71	中建投信托股份有限公司	杭州市西湖区教工路 18 号世贸丽晶城欧美中心 1 号楼(A 座)18—19 层 C,D 区	0571-89891502

序号	机构名称	机构地址	值班电话
72	杭州工商信托股份有限公司	杭州市上城区迪凯国际中心41层	0571-87218033
73	浙商金汇信托股份有限公司	杭州市拱墅区庆春路199号6—8层、1—2层西面商铺	400-866-5588
74	万向信托股份公司	杭州市拱墅区体育场路429号4—6层及9—17层	0571-85822379
75	万向财务有限公司	杭州市萧山区生兴路2号	0571-87163211
76	能源集团财务有限责任公司	杭州市拱墅区环城北路华浙广场1号楼9楼(全部)和11楼的A、B、B1、C、C1、G、H、I座	0571-86669990
77	交通投资集团财务有限责任公司	杭州市上城区五星路199号明珠国际商务中心2号楼8层	0571-87568088
78	中国电力财务有限公司浙江分公司	杭州市西湖区万塘路18号黄龙时代广场A座21楼	0571-51213810
79	物产中大集团财务有限公司	杭州市拱墅区中大广场A座7楼	0571-87895995
80	海亮集团财务有限责任公司	杭州市滨江区滨盛路1508号海亮大厦25楼2517—2526室	0571-56051000
81	杭州锦江集团财务有限责任公司	杭州市拱墅区湖墅南路111号杭州锦江大厦12楼	0571-28334604
82	传化集团财务有限公司	杭州市萧山区宁围街道939号浙江商会大厦2幢5层	0571-82602688
83	华融金融租赁股份有限公司	杭州市西湖区曙光路122号世贸大厦6楼、7楼	0571-87007839
84	裕隆汽车金融(中国)有限公司	杭州市萧山区萧山经济技术开发区东方世纪中心1301—1305室	0571-57182228
85	杭银消费金融股份有限公司	杭州市拱墅区庆春路38号1层101室,8层801、802、803、804室,11层1101、1102室	0571-86850291
86	杭银理财有限责任公司	杭州市拱墅区庆春路38号金龙财富中心6层	0571-85107792

2021 年杭州市保险机构名录

（截至 2021 年 12 月 31 日）

序号	行业分类	单位名称	地址	总机
1	产险公司	中国人民财产保险股份有限公司浙江省分公司	杭州市上城区中河中路 66 号,中山中路 400 号,光复路 162 号	0571-87810888
2	产险公司	中国太平洋财产保险股份有限公司浙江分公司	杭州市西湖区浙江省杭州市莫干山路 501 号 1—14 层	0571-87223801
3	产险公司	中国平安财产保险股份有限公司浙江分公司	杭州市西湖区教工路 88 号立元大厦 7—9 楼	0571-88381818
4	产险公司	天安财产保险股份有限公司浙江省分公司	杭州市上城区望江街道望江东路 332 号望江国际中心 C 座 5 层	0571-87041888
5	产险公司	史带财产保险股份有限公司浙江分公司	杭州市拱墅区环城北路 208 号坤和中心 1004 室	0571-85155257
6	产险公司	华泰财产保险有限公司浙江省分公司	杭州市上城区庆春东路 66-1 号庆春发展大厦 15 层	0571-87238300
7	产险公司	中华联合财产保险股份有限公司浙江分公司	杭州市拱墅区中华保险大厦 1201、1301、1401、1501 室	0571-88103155
8	产险公司	太平财产保险有限公司浙江分公司	杭州市拱墅区杭州市庆春路 136 号广利大厦 15 层,7 层 706、707、708、709 室	0571-28811000
9	产险公司	中国大地财产保险股份有限公司浙江分公司	杭州市上城区馆驿后 2 号万新大厦 7、8、11 楼	0571-87000226
10	产险公司	中国出口信用保险公司浙江分公司	杭州市上城区四季青街道庆春东路 2—6 号金投金融大厦 19—20 层	0571-28036700
11	产险公司	华安财产保险股份有限公司浙江分公司	杭州市西湖区天目山路 7 号东海创意中心 12 楼	0571-87168888
12	产险公司	永安财产保险股份有限公司浙江分公司	杭州市上城区凤凰城 4 号 1901、1902、1903、1904、1905、1906 室	0571-85789659

序号	行业分类	单位名称	地址	总机
13	产险公司	安邦财产保险股份有限公司浙江分公司	杭州市拱墅区杭州市建国北路 639 号华源大厦 19 楼	0571-56920501
14	产险公司	都邦财产保险股份有限公司浙江分公司	杭州市拱墅区体育场路 105 号凯喜雅大厦 14 楼	0571-28006588
15	产险公司	安盛天平财产保险股份有限公司浙江分公司	杭州市拱墅区远洋国际中心 3 号楼	0571-28809111
16	产险公司	中银保险有限公司浙江分公司	杭州市上城区金隆花园南区华顺大厦 6—7 层	0571-87273033
17	产险公司	阳光财产保险股份有限公司浙江省分公司	杭州市拱墅区环城北路 167 号汇金国际大厦裙楼 5 层 501、502、503 室	0571-87682057
18	产险公司	亚太财产保险有限公司浙江分公司	杭州市上城区五星路 185 号泛海国际中心 6 幢 2 单元 1001 室	0571-87669119
19	产险公司	渤海财产保险股份有限公司浙江分公司	杭州市滨江区江南大道 618 号东冠大厦 7 楼	0571-28002333
20	产险公司	中国人寿财产保险股份有限公司浙江省分公司	杭州市拱墅区环城北路 63 号云天财富中心写字楼 23、24、25 层,8 楼 805 室及新华路 9 号 7 楼	0571-87253661
21	产险公司	安诚财产保险股份有限公司浙江分公司	杭州市上城区秋涛路 258 号 1 号楼 11 层 1101 室	0571-81900156
22	产险公司	永诚财产保险股份有限公司浙江分公司	杭州市拱墅区中山北路 565 号德信大厦 501 室	0571-28002903
23	产险公司	安信农业保险股份有限公司浙江分公司	杭州市上城区杭州市新塘路 72 号、76—82 号（双号）第 5 层	0571-28112811
24	产险公司	浙商财产保险股份有限公司	杭州市西湖区环城西路 89 号武林大厦 1 层	0571-28299999
25	产险公司	紫金财产保险股份有限公司浙江分公司	杭州市上城区城星路 59 号 1701 室	0571-28080888

续表

序号	行业分类	单位名称	地址	总机
26	产险公司	长安责任保险股份有限公司浙江省分公司	杭州市拱墅区凯旋路 385 号紫玉名府 3 幢 13 楼	0571-28110801
27	产险公司	利宝保险有限公司浙江分公司	杭州市上城区婺江路 217 号1 号楼 701、703、705、707 室	0571-87368988
28	产险公司	华农财产保险股份有限公司浙江分公司	杭州市西湖区世贸丽晶城欧美中心 1 号楼（D 区）405、406 室	0571-87602721
29	产险公司	国泰财产保险有限责任公司浙江分公司	杭州市西湖区西溪路 560 号5 幢 4 楼 401、402 室	0571-28072288
30	产险公司	国任财产保险股份有限公司浙江分公司	杭州市上城区新塘路 72 号、76--82 号（双号）杭州新业大厦 15 层 1501 室	0571-28293273
31	产险公司	爱和谊日生同和财产保险(中国)有限公司浙江分公司	杭州市拱墅区环城北路 208号 32 层 01、08 室	0571-28058588
32	产险公司	英大泰和财产保险股份有限公司浙江分公司	杭州市上城区凤起东路 189号新城时代广场 1 幢 1701、1702、1703 室	0571-28297660
33	产险公司	泰山财产保险股份有限公司浙江分公司	杭州市上城区凯旋路 445 号浙江物产国际广场 15 层 A、B、C、D、E 座	0571-28312031
34	产险公司	美亚财产保险有限公司浙江分公司	杭州市上城区富春路 290 号钱江国际广场 3 号楼 602、603 单元	0571-26893900
35	产险公司	众诚汽车保险股份有限公司浙江分公司	杭州市上城区钱江新城五星路 188 号荣安大厦 20 楼	0571-28172888
36	产险公司	东京海上日东火灾保险(中国)有限公司浙江分公司	杭州市上城区钱江新城钱江国际时代广场 3 幢 1405 号	0571-81998758
37	产险公司	大家财产保险有限责任公司浙江分公司	杭州市拱墅区建国北路 639号 1903、1904 室	0571-56920501
38	产险公司	太平科技保险股份有限公司	杭州市滨江区长河街道泰安路 239 号 11 层	0571-28323096

序号	行业分类	单位名称	地址	总机
39	寿险公司	中国人寿保险股份有限公司浙江省分公司	杭州市上城区中河中路80号浙江人寿大厦	0571-87216472
40	寿险公司	中国太平洋人寿保险股份有限公司浙江分公司	杭州市上城区之江路928号临江金座1号16楼	0571-87220857
41	寿险公司	中国平安人寿保险股份有限公司浙江分公司	杭州市上城区四季青街道民心路280号平安金融中心A幢26层	0571-87556600
42	寿险公司	泰康人寿保险有限责任公司浙江分公司	杭州市上城区五星路188号荣安大厦2201、2601室	0571-85802019
43	寿险公司	新华人寿保险股份有限公司浙江分公司	杭州市上城区庆春广场西侧西子国际中心1号楼33—36层	0571-87235371
44	寿险公司	太平人寿保险有限公司浙江分公司	杭州市拱墅区广利人厦裙楼5楼	0571-28889696
45	寿险公司	民生人寿保险股份有限公司浙江分公司	杭州市拱墅区绍兴路161号野风现代中心北楼12楼	0571-85389505
46	寿险公司	光大永明人寿保险有限公司浙江分公司	杭州市拱墅区凤起路78号浙金广场附楼3楼303室	0571-28080576
47	寿险公司	中宏人寿保险有限公司浙江分公司	杭州市拱墅区庆春路38号金龙财富中心10层、12层	0571-28023322
48	寿险公司	华泰人寿保险股份有限公司浙江分公司	杭州市萧山区宁围街道平澜路259号国金中心1单元2301室	0571-28936000
49	寿险公司	中德安联人寿保险有限公司浙江分公司	杭州市上城区庆春东路66-1号2101室-1、2101室-2	0571-28029698
50	寿险公司	中国人民健康保险股份有限公司浙江分公司	杭州市上城区庆春路25—29号远洋大厦21层	0571-28918898
51	寿险公司	合众人寿保险股份有限公司浙江分公司	杭州市上城区中河中路222号平海国际大厦15—17楼	0571-28907766
52	寿险公司	中信保诚人寿保险有限公司浙江省分公司	杭州市拱墅区绍兴路161号野风现代中心北楼1301、1302室	0571-28065118

续表

序号	行业分类	单位名称	地址	总机
53	寿险公司	长生人寿保险有限公司浙江分公司	杭州市上城区庆春东路 1-1 号西子联合大厦 12 楼	0571-28035888
54	寿险公司	中国人民人寿保险股份有限公司浙江省分公司	杭州市上城区解放路 18 号铭扬大厦 4 楼	0571-85871757
55	寿险公司	平安养老保险股份有限公司浙江分公司	杭州市西湖区文三路 90 号东部软件园科技大厦 17 楼	0571-87556792
56	寿险公司	同方全球人寿保险有限公司浙江分公司	杭州市上城区钱江路 1366 号万象城 2 幢 1901 室	0571-28894868
57	寿险公司	富德生命人寿保险股份有限公司浙江分公司	杭州市上城区四季青街道钱江路 1366 号万象城 2 幢华润大厦 A 座第 23 层 01、02、03、05、06、07、08、09 室和第 25 层 02、03、09 室	0571-28867766
58	寿险公司	信泰人寿保险股份有限公司	杭州市上城区五星路 66 号 19 层、20 层、21 层、22 层、24 层	0571-87116843
59	寿险公司	陆家嘴国泰人寿保险有限责任公司浙江分公司	杭州市上城区太平门直街 260—266 号三新银座 2 幢 10 楼 1001 室	0571-28039899
60	寿险公司	中美联泰大都会人寿保险有限公司浙江分公司	杭州市西湖区万塘路 18 号 2 楼 202、203 室,3 楼、3A 楼 3A02、3A07 室,5 楼 507 室,8 楼 801 室,9 楼 901、902、903、906 室,14 楼和 15 楼 1501、1506 室	0571-87799688
61	寿险公司	英大泰和人寿保险股份有限公司浙江分公司	杭州市西湖区莫干山路 231 号锐明大厦 6 楼	0571-28350278
62	寿险公司	农银人寿保险股份有限公司浙江分公司	杭州市西湖区莫干山路 333 号美莱商务大厦 15 楼	0571-85175999
63	寿险公司	招商信诺人寿保险有限公司浙江分公司	杭州市拱墅区环城北路 208 号坤和中心 19 层 02、03、04 室	0571-86587123
64	寿险公司	国华人寿保险股份有限公司浙江分公司	杭州市上城区凤起东路 189 号新城时代广场 1 幢 24 楼	0571-28115885

序号	行业分类	单位名称	地址	总机
65	寿险公司	阳光人寿保险股份有限公司浙江分公司	杭州市拱墅区庆春路 26 号发展大厦 1 层 102—103 室、3 层、4 层、12 层	0571-87563163
66	寿险公司	太平养老保险股份有限公司浙江分公司	杭州市上城区新业路 200 号华峰国际商务大厦 25 楼 2502、2503、2504 室	0571-28058228
67	寿险公司	瑞泰人寿保险有限公司浙江分公司	杭州市拱墅区体育场路 105 号凯喜雅大厦 1504—1506 室	0571-28065516
68	寿险公司	幸福人寿保险股份有限公司浙江分公司	杭州市西湖区莫干山路 231 号广厦锐明大厦 10 楼	0571-28086666
69	寿险公司	安邦人寿保险股份有限公司浙江分公司	杭州市拱墅区建国北路 639 号华源发展大厦 1801、1901 室	0571-56920799
70	寿险公司	工银安盛人寿保险有限公司浙江分公司	杭州市拱墅区绍兴路 161 号野风现代中心北楼 301、302、303、304、702 室	0571-28085180
71	寿险公司	和谐健康保险股份有限公司浙江分公司	杭州市西湖区曙光路 122 号世贸中心 A 座 16 楼	0571-58121722
72	寿险公司	中邮人寿保险股份有限公司浙江分公司	杭州市西湖区莫干山路 329 号	0571-87269909
73	寿险公司	君龙人寿保险有限公司浙江分公司	杭州市拱墅区建国北路 276 号东联大厦 10 楼	0571-28137553
74	寿险公司	昆仑健康保险股份有限公司浙江分公司	杭州市西湖区莫干山路 231 号锐明大厦 12 楼	0571-28289191
75	寿险公司	华夏人寿保险股份有限公司浙江分公司	杭州市上城区解放路 18 号 5 层 A 座、601—604 室、1204 室	0571-28901666
76	寿险公司	泰康养老保险股份有限公司浙江分公司	杭州市拱墅区绍兴路 161 号野风现代中心北楼 601、602、603 室	0571-87782650
77	寿险公司	平安健康保险股份有限公司浙江分公司	杭州市上城区民心路 280 号平安金融中心 A 座 9 楼	0571-87996115

续表

序号	行业分类	单位名称	地址	总机
78	寿险公司	中韩人寿保险有限公司	杭州市上城区四季青街道香樟街 39 号国贸金融大厦 21—23 层	0571-85837888
79	寿险公司	百年人寿保险股份有限公司浙江分公司	杭州市上城区富春路 290 号钱江国际时代广场 3 号楼 20 层和 33 层（3301、3305、3306 室）	0571-87393533
80	寿险公司	建信人寿保险股份有限公司浙江分公司	杭州市拱墅区湖墅南路 277 号 6—7 层	0571-87907901
81	寿险公司	君康人寿保险股份有限公司浙江分公司	杭州市拱墅区中山北路 611 号地铁商务大厦 7 层	0571-28896777
82	寿险公司	中意人寿保险有限公司浙江省分公司	杭州市拱墅区上塘路 15 号武林时代商务中心 7 楼及 8 楼	0571-26201888
83	寿险公司	中银三星人寿保险有限公司浙江分公司	杭州市上城区新业路 8 号华联时代大厦 B 幢 5 层 501、504 室,11 层 1101、1104 室	0571-56051656
84	寿险公司	交银康联人寿保险有限公司浙江省分公司	杭州市上城区庆春路 173 号 8 层	0571-86590273
85	寿险公司	汇丰人寿保险有限公司浙江分公司	杭州市上城区万象城 2 幢 801 室-07、803 室-07	0571-28065901
86	寿险公司	中国人寿养老保险股份有限公司浙江省分公司	杭州市拱墅区青春坊 33 幢 1101—1112 室	0571-87249021

2021 年杭州市证券经营机构名录

（截至 2021 年 12 月 31 日）

序号	公司名称	地址	联系方式
1	财通证券股份有限公司	杭州市西湖区天目山路 198 号	95336
2	浙商证券股份有限公司	杭州市上城区五星路 201 号	95345
3	金通证券有限责任公司	杭州市滨江区东信大道 66 号 5 幢 D 座 A 区 3 层	0571-85783714
4	财通证券资产管理有限公司	杭州市上城区白云路 26 号 143 室	95336
5	浙江浙商证券资产管理有限公司	杭州市上城区五星路 201 号	95345
6	安信证券股份有限公司浙江分公司	杭州市上城区万象城 2 幢 2501 室-01、2501 室-09	0571-89801377
7	财通证券股份有限公司浙江总部数字分公司	杭州市西湖区财通双冠大厦东楼 1303 室	95336
8	财信证券有限责任公司浙江分公司	杭州市拱墅区庆春路 42 号兴业银行大厦 15A05 室	0571-87679605
9	长城证券股份有限公司浙江分公司	杭州市拱墅区延安路 385 号杭州嘉里中心 2 幢 904、905 室	0571-89775175
10	长江证券股份有限公司浙江分公司	杭州市上城区甘水巷 42 号	0571-86658298
11	东北证券股份有限公司浙江分公司	杭州市上城区高德置地中心 1 号楼 3803—3804 室	0571-85386611
12	东方财富证券股份有限公司浙江分公司	杭州市拱墅区绍兴路 161 号野风现代中心北楼 303、304 室	0571-88409636
13	东莞证券股份有限公司浙江分公司	杭州市滨江区西兴街道丹枫路 788 号 1 幢 101 室	0571-81391030
14	东吴证券股份有限公司浙江分公司	杭州市上城区四季青街道新业路 8 号华联时代大厦 B 幢 1601、1604 室	0571-88292923
15	东兴证券股份有限公司杭州分公司	杭州市上城区来福士中心 2 幢 1301 室	0571-86069139

续表

序号	公司名称	地址	联系方式
16	东亚前海证券有限责任公司浙江分公司	杭州市拱墅区萍水街 299 号萍水太合商业中心 7 幢 108、401 室	0571-87760850
17	方正证券股份有限公司浙江分公司	杭州市延安路 398 号二轻大厦 A 楼 11 层	0571-87782598
18	广发证券股份有限公司浙江分公司	杭州市上城区富春路 290 号钱江国际时代广场 3 幢 3704、3705 室	0571-86560793
19	国盛证券有限责任公司浙江分公司	杭州市上城区江锦路 159 号平安金融中心 2 幢第 12 层 1201-02 室	0571-56009972
20	国海证券股份有限公司浙江分公司	杭州市拱墅区河东路 91 号	0571-86783695
21	国开证券股份有限公司浙江分公司	杭州市上城区中天国开大厦 20 层 2011 室-4、2011 室-5、2012 室	0571-88893360
22	国融证券股份有限公司浙江分公司	杭州市上城区大资福庙前 94 号	0571-88078118
23	国泰君安证券股份有限公司浙江分公司	杭州市上城区四季青街道五星路 185 号泛海国际中心 6 幢 1 单元 1401 室、2 单元 1401 室	0571-87044157
24	国信证券股份有限公司杭州分公司	杭州市上城区万象城 3 幢 901—902 室、908 室	0571-85215113
25	国信证券股份有限公司浙江分公司	杭州市萧山区宁围街道诺德财富中心 1 幢 102 室、2901—2904 室	0571-85215113
26	国信证券股份有限公司浙江互联网分公司	杭州市滨江区长河街道滨盛路 1688 号明豪大厦 1002、1005 室	0571-85215113
27	国元证券股份有限公司浙江分公司	杭州市滨江区江汉路 1785 号网新双城大厦 4 幢 2201-1 室	0571-87682918
28	海通证券股份有限公司浙江分公司	杭州市上城区迪凯银座 801、803、804 室	0571-87211015
29	华安证券股份有限公司浙江分公司	杭州市萧山区北干街道金城路 358 号蓝爵国际中心 5 号楼低区 20 层 2002 室	0571-22918960
30	华福证券有限责任公司浙江分公司	杭州市拱墅区庆春路 42 号 903、904、905、906、1101 室	0571-87819023

序号	公司名称	地址	联系方式
31	华金证券股份有限公司浙江分公司	杭州市上城区南星街道赞成中心西楼 1608、1609 室	0571-28216796
32	华林证券股份有限公司浙江分公司	杭州市拱墅区朝晖路 182 号 1 号楼 2612、2613 室	0571-85173750
33	华龙证券股份有限公司浙江分公司	杭州市西湖区玉古路 168 号武术馆大楼 716—721 室	0571-28916090
34	华融证券股份有限公司浙江分公司	杭州市西湖区求是路 8 号公元大厦南楼 22 层 2201、2202、2205 室	0571-87007610
35	华泰证券股份有限公司浙江分公司	杭州市滨江区江虹路 1750 号信雅达国际创意中心 1 幢 2302、2304、2305、2306、2404 室	0571-86698701
36	华西证券股份有限公司浙江分公司	杭州市上城区财富金融中心 2 幢 1204 室	0571-88213660
37	华鑫证券有限责任公司杭州分公司	杭州市上城区城星国际中心 1 幢 2206、2207 室	0571-85781171
38	江海证券有限公司浙江分公司	杭州市上城区财富金融中心 2 幢 1507 室	0571-28901889
39	金元证券股份有限公司浙江分公司	杭州市上城区迪凯银座 1403 室	0571-85056063
40	九州证券股份有限公司浙江分公司	杭州市拱墅区矩阵国际中心（余杭塘路 515 号）2-301 室	0571-86708110
41	开源证券股份有限公司浙江分公司	杭州市上城区高德置地中心 3 幢 21102 室	0571-86083152
42	联储证券有限责任公司浙江分公司	杭州市上城区尊宝大厦金尊 3303、3304 室	0571-87717501
43	民生证券股份有限公司浙江分公司	杭州市上城区五星路 185 号泛海国际中心 6 幢 2 单元 801-A-01 室	0571-56310702
44	南京证券股份有限公司浙江分公司	杭州市上城区旺座中心 1 幢 1202 室	0571-86906386
45	平安证券股份有限公司浙江分公司	杭州市上城区民心路 280 号平安金融中心 1 幢 1801 室-2	0571-88307395

续表

序号	公司名称	地址	联系方式
46	申港证券股份有限公司浙江分公司	杭州市上城区瑞立江河汇大厦 2233 室	0571-28323582
47	申万宏源证券有限公司浙江分公司	杭州市拱墅区华浙广场 1 号 18 楼	0571-85063953
48	首创证券股份有限公司浙江分公司	杭州市西湖区文二路 391 号（西湖国际科技大厦）2310-1 室	0571-85883757
49	天风证券股份有限公司浙江分公司	杭州市西湖区教工路 88 号立元大厦 12 层 1202、1204、1206、1208 室	0571-87632159
50	万和证券股份有限公司浙江分公司	杭州市上城区五星路 188 号荣安大厦 802-1 室	0571-81999060
51	西南证券股份有限公司浙江分公司	杭州市上城区紫晶商务城 1 幢 304-1 室	0571-86784006
52	湘财证券股份有限公司浙江分公司	杭州市西湖区西溪路 128 号新湖商务大厦 701 室	0571-87650370
53	信达证券股份有限公司浙江分公司	杭州市滨江区丹枫路 676 号香溢大厦 702 室	0571-28999488
54	兴业证券股份有限公司浙江分公司	杭州市上城区迪凯银座 31 楼	0571-87835777
55	银泰证券有限责任公司浙江分公司	杭州市萧山区宁围街道广孚联合国际中心 2702-2 室	0571-85780597
56	英大证券有限责任公司浙江分公司	杭州市上城区市民街 219 号利有商务大厦 17 层 1705 室	0755-26982993
57	粤开证券股份有限公司杭州分公司	杭州市上城区江锦路 159 号平安金融中心 2 幢 3101 室-1	0571-28233865
58	浙商证券股份有限公司杭州分公司	杭州市西湖区杭大路 1 号黄龙世纪广场 A 区 6 楼 617—625 室	0571-87901991
59	中国国际金融股份有限公司浙江分公司	杭州市上城区来福士中心 2 幢 1901 室	0571-86010188
60	中国银河证券股份有限公司浙江分公司	杭州市上城区泛海国际中心 3 幢 28 层	0571-87253011
61	中国中金财富证券有限公司浙江分公司	杭州市上城区来福士中心 2 幢 1807、1808、1809 室	0571-88397099

序号	公司名称	地址	联系方式
62	中山证券有限责任公司浙江分公司	杭州市上城区婺江路 217 号 2 号楼 901 室	0571-87046925
63	中泰证券股份有限公司浙江分公司	杭州市上城区荣安大厦 2502A、2502B 室	0571-85366308
64	中天国富证券有限公司浙江分公司	杭州市西湖区翠苑街道天目山路 274 号,万塘路 2—18(双)号 A 座 20 楼 02、03、05、08 室	0571-86611136
65	中信建投证券股份有限公司浙江分公司	杭州市上城区庆春路 225 号 6 楼 604 室	0571-87067252
66	中信证券股份有限公司浙江分公司	杭州市上城区迪凯银座 1703、1704、1901、1902、2201、2202、2203、2204、2301、2303、2304 室	0571-85783714
67	中邮证券有限责任公司浙江分公司	杭州市西湖区莫干山路 329 号 103、202、204、205、1106 室	0571-87269888
68	中原证券股份有限公司浙江分公司	杭州市上城区新塘路 111 号新城时代广场 2 号楼 3 层 301 室	0571-28916125

2021 年杭州市期货机构名录

（截至 2021 年 12 月 31 日）

序号	机构名称	地址	联系电话
1	永安期货股份有限公司	杭州市上城区新业路 200 号华峰国际 22 楼	400-700-7878
2	南华期货股份有限公司	杭州市上城区横店大厦 301、401、501、701、901、1001、1101、1201 室	400-888-8910
3	浙商期货有限公司	杭州市西湖区天目山路 198 号财通双冠大厦东楼 9—12 层	400-700-5186
4	国海良时期货有限公司	杭州市拱墅区河东路 91 号	400-700-9292
5	物产中大期货有限公司	杭州市拱墅区远洋国际中心 2 号楼 901—910 室	400-881-0999
6	大地期货有限公司	杭州市上城区香樟街 39 号国贸金融大厦 2516 室	400-884-0077
7	信达期货有限公司	杭州市萧山区宁围街道利一路 188 号天人大厦 19—20 层	400-672-8728
8	宝城期货有限责任公司	杭州市西湖区求是路 8 号公元大厦南裙 1-101、201、301、501 室，北楼 302 室	400-618-1199
9	浙江新世纪期货有限公司	杭州市拱墅区体育场路 335 号 6—8 层	400-700-2828
10	盛达期货有限公司	杭州市萧山区宁围街道平澜路 259 号国金中心 2 单元 2201 室	400-826-3131
11	创元期货股份有限公司浙江分公司	杭州市上城区五星路 198 号瑞晶国际商务中心 2404 室	0571-88077993
12	东方汇金期货有限公司浙江分公司	杭州市上城区万银大厦 2803 室	0571-88683817
13	格林大华期货有限公司浙江分公司	杭州市西湖区天目山路 198 号财通双冠大厦东楼 2008 室	0571-28055969
14	广州金控期货有限公司杭州分公司	杭州市西湖区文二西路 5 号 508 室	0571-87251385

序号	机构名称	地址	联系电话
15	国海良时期货有限公司杭州分公司	杭州市拱墅区河东路 91 号	0571-85135800
16	国盛期货有限责任公司浙江分公司	杭州市上城区解放东路 33 号财富金融中心 2 幢 1806	0571-88116683
17	国泰君安期货有限公司浙江分公司	杭州市上城区五星路 185 号泛海国际中心 6 幢 1 单元 501-B 室	0571-86809289
18	海证期货有限公司浙江分公司	杭州市上城区丹桂街 19 号迪凯国际中心 801B 室	0571-56979952
19	红塔期货有限责任公司浙江分公司	杭州市上城区四季青街道财富金融中心 2 幢 4803 室	0571-87815881
20	华金期货有限公司浙江分公司	杭州市滨江区长河街道滨盛路 1766 号 704 室	0571-87250280
21	华泰期货有限公司杭州分公司	杭州市上城区来福士中心 2 幢 1801、1802 室	0571-85287506
22	混沌天成期货股份有限公司浙江分公司	杭州市上城区解放东路 37 号财富金融中心 1205、1206 室	0571-86050331
23	建信期货有限责任公司浙江分公司	杭州市拱墅区新华路 6 号 224、225、227 室	0571-87777081
24	鲁证期货股份有限公司杭州分公司	杭州市拱墅区莫干山路 231 号锐明大厦 4001 室	0571-28118911
25	前海期货有限公司浙江分公司	杭州市上城区高德置地中心 A3 幢 2103 室	0571-28312637
26	瑞达期货股份有限公司杭州分公司	杭州市上城区泛海国际中心 A 座 1003—1004 室	0571-86793025
27	上海东证期货有限公司浙江分公司	杭州市滨江区科技馆街 1600 号银泰国际商务中心 3806 室	0571-56305313
28	申银万国期货有限公司浙江分公司	杭州市上城区解放东路 29 号迪凯银座 1904 室	0571-86061997
29	天风期货股份有限公司浙江分公司	杭州市萧山区金城路 358 号蓝爵国际中心 5 幢 3703 室 1 号	0571-22670095
30	西部期货有限公司杭州分公司	杭州市上城区市民街 200 号圣奥大厦 2303 室	0571-88616591

续表

序号	机构名称	地址	联系电话
31	先锋期货有限公司浙江分公司	杭州市富阳区富春街道江滨西大道 57 号 1506 室	0571-86726995
32	兴业期货有限公司杭州分公司	杭州市拱墅区庆春路 42 号兴业银行大厦 1002 室	0571-85828716
33	兴证期货有限公司浙江分公司	杭州市上城区解放东路 29 号迪凯银座 31 楼 3102 室	0571-28058895
34	银河期货有限公司浙江分公司	杭州市上城区解放路 26 号 1002、1003 室	0571-28066323
35	永安期货股份有限公司杭州分公司	杭州市上城区华峰国际商务大厦 503 室	0571-88032327
36	永安期货股份有限公司杭州西湖分公司	杭州市西湖区翠苑街道天目山路 198 号财通双冠大厦东楼 18 层 1801、1802、1803、1804 室	0571-88388261
37	永安期货股份有限公司杭州萧山分公司	杭州市萧山区宁围街道平澜路 259 号国金中心 2 单元 2701 室	0571-82891986
38	永安期货股份有限公司杭州余杭分公司	杭州市余杭区南苑街道世纪大道 168 号 1 单元 1803—1806 室	0571-89180886
39	云财富期货有限公司浙江分公司	杭州市上城区财富金融中心 2 幢 2004 室	0571-88793519
40	浙江新世纪期货有限公司杭州分公司	杭州市拱墅区体育场路 335 号	0571-85100865
41	中财期货有限公司浙江分公司	杭州市西湖区体育场路 458 号 2 楼 201、202、203、205、207、209、210 室	0571-56080563
42	中国国际期货股份有限公司杭州分公司	杭州市上城区百大绿城西子国际 C 座 1303 室	0571-89716763
43	中信建投期货有限公司杭州分公司	杭州市上城区钱江国际时代广场 3 号楼 702 室	0571-87380613
44	中信期货有限公司杭州萧山分公司	杭州市萧山区北干街道金城路 438 号东南科技研发中心 6 层 603、604 室	0571-85060830
45	中信期货有限公司浙江分公司	杭州市上城区解放东路 29 号迪凯银座 2302 室	0571-85783919

序号	机构名称	地址	联系电话
46	中银国际期货有限责任公司浙江分公司	杭州市西湖区西溪街道教工路 18 号世贸丽晶城欧美中心 1 号楼（C区）1009 室	0571-87168256

2021 年杭州市公募基金管理机构名录

（截至 2021 年 12 月 31 日）

序号	机构名称	地址	联系电话
1	浙商基金管理有限公司	杭州市拱墅区环城北路 208 号 1801 室	021-60350999

2021 年杭州市证券投资咨询机构名录

（截至 2021 年 12 月 31 日）

序号	机构名称	地址	联系电话
1	杭州顶点财经网络传媒有限公司	杭州市滨江区江南大道 3880 号华荣时代大厦 2406 号	0571-56195800
2	浙江同花顺云软件有限公司	杭州市西湖区文二西路 1 号 902 室	0571-88911818
3	杭州高能投资咨询有限公司	杭州市滨江区长河街道科技馆街 1600 号银泰国际商务中心 4401 室	0571-28350266
4	海顺证券投资咨询有限公司浙江分公司	杭州市滨江区长河街道江汉路 1785 号网新双城国际 1 幢 2501 室	0571-28271582
5	北京中方信富投资管理咨询有限公司杭州分公司	杭州市西湖区世贸丽晶城欧美中心 1 号楼（C区）1001 室	0571-28198878
6	海南港澳资讯产业股份有限公司杭州分公司	杭州市西湖区文一西路 830 号蒋村商务中心 B2 楼 7 层	0571-56969639
7	益盟股份有限公司浙江分公司	杭州市拱墅区绿地运河商务中心 3 幢 607 室	0571-85083102

2021 年杭州市小贷公司名录

（截至 2021 年 12 月 31 日）

序号	公司名称	公司地址	联系方式
1	杭州市上城区广宇小额贷款有限公司	杭州市上城区岳王路 24 号 3 楼	0571-87062806
2	杭州市上城区文广小额贷款股份有限公司	杭州市上城区东坡路 66 号东坡文物大楼 602 室	0571-87855159
3	浙江文创小额贷款股份有限公司	杭州市拱墅区体育场路 178 号 25 幢 1308 室	0571-85312281
4	浙江农发小额贷款股份有限公司	杭州市拱墅区武林路 437 号农发大厦 6 楼	0571-85813251
5	杭州市江干区银货通小额贷款有限公司	杭州市上城区剧院路 358 号宏程国际大厦 35 层	0571-81107871
6	杭州市江干区万事利科创小额贷款股份有限公司	杭州市上城区天城路 68 号（万事利科技大楼）2 幢 17 楼	0571-86883511
7	浙江林业小额贷款股份有限公司	杭州市上城区丹桂街 19 号迪凯国际 3501 室	13326138190
8	浙江兴合小额贷款有限公司	杭州市上城区市民街 66 号钱塘航空大厦 2 幢 35 层	0571-85263508
9	杭州市拱墅区泰丰小额贷款股份有限公司	杭州市拱墅区金华路 88-8 号	0571-28022828
10	杭州市拱墅区建华小额贷款股份有限公司	杭州市拱墅区沈半路 2 号	0571- 28859060
11	杭州市拱墅区利尔达小额贷款股份有限公司	杭州市拱墅区丰潭路 380 号城西银泰 B 座 1003 室	0571-89908686
12	杭州市西湖区昆仑小额贷款有限公司	杭州市西湖区体育场路 580 号 2 号楼 104 室	0571-85116890
13	杭州市西湖区御丰小额贷款有限公司	杭州市西湖区转塘街道浮山东路 6 区 6 号 3 楼	0571-86775668
14	杭州市西湖区浙农小额贷款有限公司	杭州市西湖区文一西路 1 号益展大厦 A 座 7 楼	0571-87607700
15	杭州市高新区（滨江）东冠小额贷款股份有限公司	杭州市滨江区江南大道 3850 号创新大厦 5 楼	0571-87796048

序号	公司名称	公司地址	联系方式
16	杭州高新区(滨江)中南小额贷款股份有限公司	杭州市滨江区江南大道 3850 号创新大厦 611 室	0571-87111152
17	杭州市高新区(滨江)萧宏小额贷款有限公司	杭州市滨江区滨盛路 1777 号萧宏大厦 8 楼 B 座	0571-86538519
18	杭州市高新区(滨江)兴耀普汇小额贷款有限公司	杭州市滨江区西兴街道江陵路 1916 号兴祺大厦 1 幢 2004、2005 室	0571-81396187
19	杭州萧山萧然小额贷款股份有限公司	杭州市萧山区北干街道金城路 550 号	0571-83801930
20	杭州市萧山区金丰小额贷款股份有限公司	杭州市萧山区金城路 438 号东南科技研发中心 1701 室	0571-82711922
21	杭州市萧山区金诚小额贷款有限公司	杭州市萧山区北干街道金城路 185 号商会大厦 B 座 1 楼	0571-83897722
22	杭州市萧山区悍马小额贷款股份有限公司	杭州市萧山区临浦镇人民路 30 号	0571-82279188
23	杭州市萧山区萧丰小额贷款股份有限公司	杭州市萧山区建设四路 4083 号	0571-83517157
24	杭州市萧山区环亚航小额贷款股份有限公司	杭州市萧山区金城路 628 号心意广场 1 幢 1901 室	0571-82710000
25	杭州市萧山区新萧商小额贷款股份有限公司	杭州市萧山区北干街道萧山科创中心 1 幢 1001 室	0571-83518199
26	杭州市萧山区永诚小额贷款有限公司	杭州市萧山区萧绍东路 202 号	0571-83682316
27	浙江理想小额贷款有限公司	杭州市余杭区南苑街道世纪大道 168 号 1 单元 2409—2412 室	0571-89029999
28	杭州市余杭区钱塘小额贷款股份有限公司	杭州市余杭区南苑街道迎宾路 355 号金鑫大厦 25 楼	0571-86160996
29	杭州市余杭区华盈小额贷款股份有限公司	杭州市余杭区五常街道联胜路 10 号	0571-89300816
30	杭州市余杭区日通小额贷款股份有限公司	杭州市余杭区南苑街道南苑街 103 号麦道大厦 903 室	0571-89163791

续表

序号	公司名称	公司地址	联系方式
31	杭州市余杭区宝鼎小额贷款股份有限公司	杭州市余杭区塘栖镇塘栖路 238 号	0571-89028279
32	杭州市桐庐县富汇小额贷款股份有限公司	杭州市桐庐县滨江路 388 号富汇名座 4 楼	0571-69917806
33	杭州市桐庐县浙富小额贷款股份有限公司	杭州市桐庐县滨江路 1151 号	0571-69960156
34	杭州市桐庐县龙生小额贷款股份有限公司	杭州市桐庐县城南街道迎春四弄 56 号	0571-64330026
35	杭州千岛湖康盛小额贷款股份有限公司	杭州市淳安县千岛湖镇环湖北路 88 号公路大厦 3 楼	0571-64888851
36	杭州市淳安县沪千诚鑫小额贷款股份有限公司	杭州市淳安县千岛湖镇环湖北路 87 号 4 楼	0571-64885277
37	建德市新安小额贷款股份有限公司	杭州市建德市洋溪街道洋安社区荷映路金塘小区 1 幢 1 号	0571-64751881
38	建德市建业小额贷款股份有限公司	杭州市建德市新安江街道严州大道秀水华庭 17 幢 35 室	0571-64788886
39	建德市白沙小额贷款有限公司	杭州市建德市新安江街道水韵天城 108 幢 202 室	0571-64793336
40	杭州富阳浙丰小额贷款有限公司	杭州市富阳区富春街道体育馆路 358 号	0571-61776508
41	杭州富阳永通小额贷款有限公司	杭州市富阳区江滨西大道 2 号	0571-61710330
42	杭州荣泰小额贷款有限公司	杭州市富阳区富春街道江滨西大道 15 号 2—3 号	0571-23256883
43	杭州富阳富仑小额贷款有限公司	杭州市富阳区富春街道新兴路 5 号	0571-61761800
44	杭州市临安区兆丰小额贷款股份有限公司	杭州市临安区锦城街道横潭路 28 号	0571-61107007
45	杭州市临安区中达小额贷款股份有限公司	杭州市临安区锦城街道江南商城 1 幢	0571-61081891
46	浙江人才小额贷款有限公司	杭州市余杭区文一西路 998 号海创园 6 号楼	0571-88531377

序号	公司名称	公司地址	联系方式
47	杭州市下城区广信小额贷款股份有限公司	杭州市拱墅区朝晖路 147 号光大乐视眼镜店 4 楼	0571-85092239
48	临安市康通小额贷款股份有限公司	杭州市临安区锦北街道苕溪北路 398 号	0571-61106825
49	浙江祐邦小额贷款有限公司	杭州市上城区五星路 66 号泛海国际中心 C 座 19 楼	0571-28181919
50	浙江阿里巴巴小额贷款股份有限公司	杭州市西湖区天目山路 266 号黄龙时代广场 B 座支付宝大厦	0571-26888888
51	杭州市下城区美达小额贷款有限公司	杭州市拱墅区延安路 468 号 1 号楼 1 号门 612 室	0571-85059605

2021 年杭州市上市公司名录

境内上市公司名录

（截至 2021 年 12 月 31 日）

序号	公司名称	上市地点	上市时间	代码	行业类别
1	天目药业	上海	1993 年 8 月 23 日	600671	医药化工
2	万向钱潮	深圳	1994 年 1 月 10 日	000559	机械制造
3	杭州解百	上海	1994 年 1 月 14 日	600814	商贸服务
4	百大集团	上海	1994 年 8 月 9 日	600865	商贸服务
5	物产中大	上海	1996 年 5 月 17 日	600704	商贸服务
6	英特集团	深圳	1996 年 6 月 26 日	000411	医药化工
7	东方通信	上海	1996 年 11 月 14 日	600776	IT
8	浙大网新	上海	1997 年 3 月 25 日	600797	IT
9	浙江东方	上海	1997 年 11 月 12 日	600120	商贸服务
10	杭钢股份	上海	1998 年 2 月 12 日	600126	机械制造
11	杭汽轮 B	深圳	1998 年 4 月 28 日	200771	机械制造
12	众合科技	深圳	1999 年 5 月 7 日	000925	IT
13	数源科技	深圳	1999 年 5 月 7 日	000909	IT
14	华东医药	深圳	2000 年 1 月 27 日	000963	医药化工
15	钱江水利	上海	2000 年 9 月 15 日	600283	公共设施
16	新安股份	上海	2001 年 9 月 6 日	600596	医药化工
17	信雅达	上海	2002 年 11 月 1 日	600571	IT
18	士兰微	上海	2003 年 3 月 11 日	600460	IT

序号	公司名称	上市地点	上市时间	代码	行业类别
19	杭萧钢构	上海	2003 年 11 月 10 日	600477	机械制造
20	恒生电子	上海	2003 年 12 月 16 日	600570	IT
21	传化智联	深圳	2004 年 6 月 29 日	002010	医药化工
22	亿帆医药	深圳	2004 年 7 月 13 日	002019	医药化工
23	航民股份	上海	2004 年 8 月 9 日	600987	纺织业
24	生意宝	深圳	2006 年 12 月 15 日	002095	IT
25	通策医疗	上海	1996 年 10 月 30 日上市，2006 年迁入	600763	医疗服务
26	三维通信	深圳	2007 年 2 月 15 日	002115	IT
27	天马股份	深圳	2007 年 3 月 28 日	002122	机械制造
28	广宇集团	深圳	2007 年 4 月 27 日	002133	房地产
29	东南网架	深圳	2007 年 5 月 30 日	002135	金属制品业
30	万家文化	上海	2003 年 2 月 20 日上市，2007 年迁入	600576	纺织业
31	大立科技	深圳	2008 年 2 月 18 日	002214	专用仪器仪表制造业
32	大华股份	深圳	2008 年 5 月 20 日	002236	电子设备制造业
33	滨江集团	深圳	2008 年 5 月 29 日	002244	房地产
34	聚力文化	深圳	2008 年 6 月 12 日	002247	制造业
35	浙富控股	深圳	2008 年 8 月 5 日	002266	机械制造
36	万马股份	深圳	2009 年 7 月 10 日	002276	机械制造
37	联络互动	深圳	2009 年 8 月 21 日	002280	IT
38	亚太股份	深圳	2009 年 8 月 28 日	002284	汽车零部件
39	银江股份	深圳	2009 年 10 月 30 日	300020	IT
40	华星创业	深圳	2009 年 10 月 30 日	300025	通信服务业
41	同花顺	深圳	2009 年 12 月 25 日	300033	IT
42	莱茵置业	深圳	2002 年 4 月 2 日上市，2009 年迁入	000558	房地产
43	中恒电气	深圳	2010 年 3 月 5 日	002364	输配电及控制设备制造业

续表

序号	公司名称	上市地点	上市时间	代码	行业类别
44	南都电源	深圳	2010 年 4 月 21 日	300068	电器机械及器材制造业
45	思创医惠	深圳	2010 年 4 月 30 日	300078	计算机及相关设备制造业
46	海康威视	深圳	2010 年 5 月 28 日	002415	电子设备制造业
47	康盛股份	深圳	2010 年 6 月 1 日	002418	金属制品业
48	杭氧股份	深圳	2010 年 6 月 10 日	002430	工业专用设备制造业
49	巨星科技	深圳	2010 年 7 月 13 日	002444	工具制造业
50	顺网科技	深圳	2010 年 8 月 27 日	300113	IT
51	富春环保	深圳	2010 年 9 月 21 日	002479	电力生产业
52	杭齿前进	上海	2010 年 10 月 11 日	601177	通用设备制造业
53	金固股份	深圳	2010 年 10 月 21 日	002488	交通运输设备制造业
54	华策影视	深圳	2010 年 10 月 26 日	300133	广播电影电视业
55	荣盛石化	深圳	2010 年 11 月 2 日	002493	化学纤维制造业
56	老板电器	深圳	2010 年 11 月 23 日	002508	金属制品业
57	宋城演艺	深圳	2010 年 12 月 9 日	300144	旅游业
58	南方泵业	深圳	2010 年 12 月 9 日	300145	专用设备制造业
59	杭锅股份	深圳	2011 年 1 月 10 日	002534	锅炉及原动机制造业
60	宝鼎科技	深圳	2011 年 2 月 25 日	002552	铸件制造业
61	贝因美	深圳	2011 年 4 月 12 日	002570	乳制品制造业
62	聚光科技	深圳	2011 年 4 月 15 日	300203	专用仪器仪表制造业
63	迪安诊断	深圳	2011 年 7 月 19 日	300244	卫生、保健、护理服务业
64	初灵信息	深圳	2011 年 8 月 3 日	300250	通信及相关设备制造业
65	兴源环境	深圳	2011 年 9 月 27 日	300266	普通机械制造业
66	中威电子	深圳	2011 年 10 月 12 日	300270	通信设备制造业
67	赞宇科技	深圳	2011 年 11 月 25 日	002637	化学原料及化学制品制造业
68	浙数文化	上海	1993 年 3 月 4 日上市，2011 年迁入	600633	出版业

续表

序号	公司名称	上市地点	上市时间	代码	行业类别
69	远方光电	深圳	2012 年 3 月 29 日	300306	仪器仪表及文化、办公用机械制造业
70	泰格医药	深圳	2012 年 8 月 17 日	300347	专业、科研服务业
71	宋都股份	上海	1997 年 5 月 20 日上市,2012 迁入	600077	房地产开发与经营业
72	华数传媒	深圳	2000 年 9 月 6 日上市,2012 迁入	000156	信息传播服务业
73	华媒控股	深圳	2003 年 12 月 17 日上市,2012 迁入	000607	公用机械制造业
74	浙能电力	上海	2013 年 12 月 19 日	600023	电力
75	炬华科技	深圳	2014 年 1 月 21 日	300360	通用仪器仪表制造业
76	思美传媒	深圳	2014 年 1 月 23 日	002712	商业服务业
77	福斯特	上海	2014 年 9 月 5 日	603806	橡胶和塑料制品业
78	健盛集团	上海	2015 年 1 月 27 日	603558	纺织服务、服饰业
79	杭电股份	上海	2015 年 2 月 17 日	603618	电线电缆产品的研发、生产、销售和服务
80	中泰股份	深圳	2015 年 3 月 26 日	300435	深冷技术的工艺开发、设备设计、制造和销售
81	创业软件	深圳	2015 年 5 月 14 日	300451	应用软件
82	永创智能	上海	2015 年 5 月 29 日	603901	其他
83	华铁科技	上海	2015 年 5 月 29 日	603300	房屋和土木工程
84	杭州高新	深圳	2015 年 6 月 10 日	300478	机械设备、电气设备
85	先锋电子	深圳	2015 年 6 月 12 日	002767	电子测量仪器
86	中亚股份	深圳	2016 年 5 月 26 日	300512	机械设备、专用设备
87	微光股份	深圳	2016 年 6 月 22 日	002801	机械设备、电气设备
88	顾家家居	上海	2016 年 10 月 14 日	603816	家用轻工
89	和仁科技	深圳	2016 年 10 月 18 日	300550	信息服务—计算机应用
90	集智股份	深圳	2016 年 10 月 21 日	300553	机器设备仪器仪表
91	电魂网络	上海	2016 年 10 月 26 日	603258	信息服务—传媒

续表

序号	公司名称	上市地点	上市时间	代码	行业类别
92	杭州银行	上海	2016 年 10 月 27 日	600926	金融服务—银行
93	贝达药业	深圳	2016 年 11 月 7 日	300558	医药制造业
94	海兴电力	上海	2016 年 11 月 10 日	603556	机械设备、仪器仪表
95	平治信息	深圳	2016 年 12 月 13 日	300571	信息服务—传媒
96	百合花	上海	2016 年 12 月 20 日	603823	化工—化学制品
97	杭叉集团	上海	2016 年 12 月 27 日	603298	机械设备
98	英飞特	深圳	2016 年 12 月 28 日	300582	电子
99	嘉凯城	深圳	1999 年 7 月 20 日上市，2016 年迁入	000918	房地产开发
100	华正新材	上海	2017 年 1 月 3 日	603186	制造业—计算机通信
101	新坐标	上海	2017 年 2 月 9 日	603040	机械设备
102	威星智能	深圳	2017 年 2 月 17 日	002849	机械设备—电气设备
103	诺邦股份	上海	2017 年 2 月 22 日	603238	纺织服装—纺织制造
104	元成股份	上海	2017 年 3 月 24 日	603388	建筑装饰园林工程
105	星帅尔	深圳	2017 年 4 月 12 日	002860	家用零部件
106	长川科技	深圳	2017 年 4 月 17 日	300604	其他专用机械
107	正元智慧	深圳	2017 年 4 月 21 日	300645	IT 服务
108	金石资源	上海	2017 年 5 月 3 日	603505	采矿
109	万通智控	深圳	2017 年 5 月 5 日	300643	制造业—汽车零部件
110	杭州园林	深圳	2017 年 5 月 5 日	300649	园林
111	铁流股份	上海	2017 年 5 月 10 日	603926	制造业—汽车零部件
112	雷迪克	深圳	2017 年 5 月 16 日	300652	制造业—汽车零部件
113	吉华集团	上海	2017 年 6 月 15 日	603980	化工—化学制品
114	诚邦股份	上海	2017 年 6 月 19 日	603316	建筑装饰园林工程
115	浙商证券	上海	2017 年 6 月 26 日	601878	资本市场服务
116	沪宁股份	深圳	2017 年 6 月 29 日	300669	通用设备制造业
117	纵横通信	上海	2017 年 8 月 10 日	603602	通信配套服务
118	春风动力	上海	2017 年 8 月 18 日	603129	其他交运设备

续表

序号	公司名称	上市地点	上市时间	代码	行业类别
119	万马科技	深圳	2017 年 8 月 31 日	300698	计算机通信和其他电子设备制造
120	兆丰股份	深圳	2017 年 9 月 8 日	300695	汽车制造业
121	银都股份	上海	2017 年 9 月 11 日	603277	通用设备制造业
122	万隆光电	深圳	2017 年 10 月 19 日	300710	通信传输设备
123	财通证券	上海	2017 年 10 月 24 日	601108	资本市场服务
124	泰瑞机器	上海	2017 年 10 月 31 日	603289	专用设备制造业
125	珀莱雅	上海	2017 年 11 月 15 日	603605	制造业—化学原料和化学制品制造业
126	南都物业	上海	2018 年 2 月 1 日	603506	房地产业
127	天地数码	深圳	2018 年 4 月 27 日	300743	信息设备计算机设备
128	汉嘉设计	深圳	2018 年 5 月 25 日	300746	建筑材料建筑装饰
129	浙商中拓	深圳	1999 年 7 月 7 日上市，2018 年迁入	000906	批发和零售业—批发业
130	每日互动	深圳	2019 年 3 月 25 日	300766	信息服务通信服务
131	迪普科技	深圳	2019 年 4 月 12 日	300768	信息服务—计算机应用
132	运达股份	深圳	2019 年 4 月 26 日	300772	大型风力发电研发生产销售
133	新化股份	上海	2019 年 6 月 27 日	603867	化工—化学制品
134	杭可科技	上海	2019 年 7 月 22 日	688006	专用设备制造业
135	虹软科技	上海	2019 年 7 月 22 日	688088	软件和信息技术服务业
136	胜达包装	上海	2019 年 7 月 26 日	603687	轻工制造—包装印刷
137	南华期货	上海	2019 年 8 月 30 日	603093	金融服务
138	壹网壹创	深圳	2019 年 9 月 27 日	300792	信息服务—传媒
139	米奥兰特	深圳	2019 年 10 月 22 日	300795	会展
140	安恒信息	上海	2019 年 11 月 5 日	688023	计算机应用服务业
141	鸿泉物联	上海	2019 年 11 月 6 日	688288	计算机及相关设备制造业
142	浙商银行	上海	2019 年 11 月 26 日	601916	银行

续表

序号	公司名称	上市地点	上市时间	代码	行业类别
143	当虹科技	上海	2019 年 12 月 11 日	688039	智能视频技术
144	泰林生物	深圳	2020 年 1 月 14 日	300813	专用设备
145	奥普家居	上海	2020 年 1 月 15 日	603551	家用电器—白色家电
146	建业股份	上海	2020 年 3 月 2 日	603948	化工—化学制品
147	光云科技	上海	2020 年 4 月 29 日	688365	计算机—计算机应用
148	聚合顺	上海	2020 年 6 月 18 日	605166	化学原料和化学制品
149	申昊科技	深圳	2020 年 7 月 24 日	300853	机械设备通用机械
150	华达新材	上海	2020 年 8 月 5 日	605158	建筑材料—其他材料
151	华光新材	上海	2020 年 8 月 19 日	688379	机械设备—金属制品
152	格林达	上海	2020 年 8 月 19 日	603931	化工—化工制品
153	众望布艺	上海	2020 年 9 月 8 日	605003	纺织制造
154	立昂微	上海	2020 年 9 月 11 日	605358	电子半导体
155	豪悦护理	上海	2020 年 9 月 11 日	605009	轻工制造
156	山科智能	深圳	2020 年 9 月 28 日	300897	仪器仪表
157	大洋生物	深圳	2020 年 10 月 26 日	003017	化工—化工原料
158	中控技术	上海	2020 年 11 月 24 日	688777	电气设备
159	杭华油墨	上海	2020 年 12 月 11 日	688571	化学制品
160	华旺科技	上海	2020 年 12 月 28 日	605377	轻工制造
161	祖名股份	深圳	2021 年 1 月 6 日	003030	食品加工
162	屹通新材	深圳	2021 年 1 月 21 日	300930	有色金属
163	曼卡龙	深圳	2021 年 2 月 10 日	300945	批发和零售业—零售业
164	园林股份	上海	2021 年 3 月 1 日	605303	建筑材料—建筑装饰—装饰园林
165	联德股份	上海	2021 年 3 月 1 日	605060	机械设备—通用设备—机械基础件
166	美迪凯	上海	2021 年 3 月 2 日	688079	电子—光学光电子—光学元件
167	西力科技	上海	2021 年 3 月 18 日	688616	机械设备—仪器仪表

序号	公司名称	上市地点	上市时间	代码	行业类别
168	爱科科技	上海	2021 年 3 月 19 日	688092	机械设备—专用设备
169	奥泰生物	上海	2021 年 3 月 25 日	688606	医药生物—医疗器械
170	品茗股份	上海	2021 年 3 月 30 日	688109	计算机—计算机应用
171	杭州柯林	上海	2021 年 4 月 12 日	688611	电气自动化设备
172	浙江新能	上海	2021 年 5 月 25 日	600032	公用事业—电力
173	可靠护理	深圳	2021 年 6 月 17 日	301009	轻工制造—造纸Ⅱ
174	杭州热电	上海	2021 年 6 月 30 日	605011	公共事业—电力
175	税友股份	上海	2021 年 6 月 30 日	603171	计算机—计算机应用
176	宏华数码	上海	2021 年 7 月 8 日	688789	机械设备—专用设备
177	咸亨国际	上海	2021 年 7 月 20 日	605056	机械设备—仪器仪表
178	浙版传媒	上海	2021 年 7 月 23 日	601921	传媒—文化传媒
179	双枪科技	深圳	2021 年 8 月 5 日	001211	制造业—轻工
180	久祺股份	深圳	2021 年 8 月 12 日	300994	汽车—其他交运设备
181	果麦文化	深圳	2021 年 8 月 30 日	301052	传媒—文化传媒
182	张小泉	深圳	2021 年 9 月 6 日	301055	轻工制造—家用轻工
183	博拓生物	上海	2021 年 9 月 8 日	688767	医药生物—医疗器械Ⅱ
184	卓锦股份	上海	2021 年 9 月 16 日	688701	公用事业—环保工程及服务
185	万事利	深圳	2021 年 9 月 22 日	301066	纺织服装—纺织制造
186	大地海洋	深圳	2021 年 9 月 28 日	301068	环保—环境光通量
187	君亭酒店	深圳	2021 年 9 月 30 日	301073	社会服务—酒店餐饮
188	星华反光	深圳	2021 年 9 月 30 日	301077	基础化工—化学制品
189	福莱蒽特	上海	2021 年 10 月 25 日	605566	基础化工—化学制品
190	凯尔达	上海	2021 年 10 月 25 日	688255	机械设备—自动化设备
191	争光股份	深圳	2021 年 11 月 2 日	301092	基础化工—塑料
192	广脉科技	北京	2021 年 11 月 15 日	838924	通信—通信服务
193	安旭生物	上海	2021 年 11 月 18 日	688075	医药生物—医疗器械
194	正强股份	深圳	2021 年 11 月 22 日	301119	汽车—汽车零部件

续表

序号	公司名称	上市地点	上市时间	代码	行业类别
195	物产环能	上海	2021 年 12 月 16 日	603071	公用事业—电力
196	禾迈股份	上海	2021 年 12 月 20 日	688032	电力设备—光伏设备
197	百诚医药	深圳	2021 年 12 月 20 日	301096	医药生物—医疗服务
198	永安期货	上海	2021 年 12 月 23 日	600927	非银金融—多元金融
199	浙文互联	上海	2004 年 4 月 26 日上市，2021 年迁入	600986	传媒—广告营销
200	浙文影业	上海	2011 年 5 月 27 日上市，2021 年迁入	601599	纺织服装、影视业务
201	浙江建投	深圳	2015 年 6 月 10 日上市，2021 年迁入	002761	建筑业—土木工程建筑业

境外上市公司名录

（截至 2021 年 12 月 31 日）

序号	公司名称	上市地点	上市时间	代码	行业类别
1	沪杭甬	中国香港	1997 年 5 月 15 日	00576	基础设施
2	网易	美国（纳斯达克）	2000 年 6 月 30 日	NTES	互联网服务与基础设施
3	友成控股	中国香港	2005 年 10 月 13 日	00096	塑料模具
4	华鼎控股	中国香港	2005 年 12 月 15 日	03398	纺织业
5	友佳国际	中国香港	2006 年 1 月 20 日	02398	机械制造
6	浙江世宝	中国香港	2006 年 5 月 16 日	01057	汽车零件
7	绿城中国	中国香港	2006 年 7 月 13 日	03900	房地产
8	众安房产	中国香港	2007 年 11 月 13 日	00672	房地产
9	普星能量	中国香港	2009 年 7 月 10 日	00090	电厂建设、经营及管理
10	中粮包装	中国香港	2009 年 11 月 16 日	00906	包装产品
11	友佳－DR	中国台湾	2010 年 3 月 18 日	912398	电机机械
12	九洲大药房	美国（纳斯达克）	2010 年 4 月 22 日	CJJD	医药零售连锁
13	华章科技	中国香港	2013 年 5 月 16 日	01673	工业零件
14	新锐医药	中国香港	2013 年 10 月 25 日	06108	医药分销
15	永盛新材料	中国香港	2013 年 11 月 27 日	03608	纺织相关产品贸易、差别化涤纶面料染色及加工以及涤纶长丝生产
16	矽力杰	中国台湾	2013 年 12 月 12 日	06415	半导体业
17	天鸽互动	中国香港	2014 年 7 月 9 日	01980	互联网软件与服务
18	中国新城市	中国香港	2014 年 7 月 10 日	01321	房地产开发
19	阿里巴巴	美国（纽交所）	2014 年 9 月 19 日	BABA	IT
20	新明中国	中国香港	2015 年 7 月 6 日	02699	房地产建筑
21	浙商银行	中国香港	2016 年 3 月 30 日	02016	金融服务—银行

续表

序号	公司名称	上市地点	上市时间	代码	行业类别
22	绿城服务	中国香港	2016 年 7 月 12 日	02869	物业服务、顾问咨询服务、园区增值服务
23	江南布衣	中国香港	2016 年 10 月 31 日	03306	设计推广销售服装鞋类配饰
24	盛龙锦秀国际	中国香港	2017 年 7 月 17 日	08481	制造和销售装饰印刷材料产品
25	百世集团	美国（纽交所）	2017 年 9 月 20 日	BEST	航空货运与物流
26	龙运国际	美国（纳斯达克）	2017 年 10 月 21 日	LYL	众筹机会和孵化公司
27	阜博集团	中国香港	2018 年 1 月 4 日	03738	视频分析管理平台
28	51 信用卡	中国香港	2018 年 7 月 13 日	02051	个人金融服务
29	歌礼制药	中国香港	2018 年 8 月 1 日	01672	生物科技
30	微贷网	美国（纽交所）	2018 年 11 月 15 日	WEI	车贷
31	蘑菇街	美国（纽交所）	2018 年 12 月 6 日	MOGU	电商
32	德信中国	中国香港	2019 年 2 月 26 日	02019	房地产
33	滨江服务	中国香港	2019 年 3 月 15 日	03316	物业服务
34	云集	美国（纳斯达克）	2019 年 5 月 3 日	YJ	电商
35	兑吧	中国香港	2019 年 5 月 7 日	01753	媒体及娱乐
36	途屹控股	中国香港	2019 年 6 月 28 日	01701	出境旅游产品及服务供应商
37	网易有道	美国（纽交所）	2019 年 10 月 25 日	DAO	智能学习产品和服务
38	阿里巴巴－SW	中国香港	2019 年 10 月 26 日	09988	电子商贸及互联网服务
39	启明医疗	中国香港	2019 年 12 月 10 日	02500	医疗保健设备
40	UT 斯达康	美国（纳斯达克）	2020 年 3 月 2 日	UTSI	通信设备
41	深蓝科技	中国香港	2020 年 3 月 12 日	01950	原材料—特殊化工品

续表

序号	公司名称	上市地点	上市时间	代码	行业类别
42	网易－S	中国香港	2020 年 6 月 11 日	09999	在线游戏学习平台
43	亿邦国际	美国（纳斯达克）	2020 年 6 月 26 日	EBON	集成电路芯片、区块链技术
44	康基医疗	中国香港	2020 年 6 月 29 日	09997	医疗器械
45	绿城管理控股	中国香港	2020 年 7 月 10 日	09979	物业服务及管理
46	泰格医药	中国香港	2020 年 8 月 7 日	03347	医疗保健
47	农夫山泉	中国香港	2020 年 9 月 8 日	09633	食物饮品
48	索信达控股	中国香港	2019 年 12 月 13 日上市，2020 年迁入	03680	系统开发及软件科技顾问
49	格陵兰科技	美国（纳斯达克）	2018 年 8 月 8 日上市，2020 年迁入	GTEC	工业机械
50	海亮教育	美国（纳斯达克）	2015 年 7 月 7 日上市，2020 年迁入	HLG	教育
51	瑞丽医美	中国香港	2020 年 12 月 28 日	02135	医疗及医学美容服务
52	嘉楠科技	美国（纳斯达克）	2019 年 11 月 21 日上市，2020 年迁入	CAN	半导体
53	宋都服务	中国香港	2021 年 1 月 18 日	09608	物业服务
54	诺辉健康	中国香港	2021 年 2 月 18 日	06606	医疗保健业—医疗保健设备
55	涂鸦智能	美国（纽交所）	2021 年 3 月 18 日	TUYA	应用软件
56	九紫新能	美国（纳斯达克）	2021 年 5 月 18 日	JZXN	汽车零售
57	归创通桥	中国香港	2021 年 7 月 5 日	02190	医疗保健业
58	德信服务	中国香港	2021 年 7 月 15 日	02215	物业服务及管理
59	新利软件	中国香港	2021 年 4 月 14 日	08076	软件服务
60	堃博医疗	中国香港	2021 年 9 月 24 日	02216	医疗保健业—医疗保健设备
61	微泰医疗	中国香港	2021 年 10 月 19 日	02235	医疗保健设备
62	网易云音乐	中国香港	2021 年 12 月 2 日	09899	媒体及娱乐
63	顺丰同城	中国香港	2021 年 12 月 14 日	09699	工业工用运输